《孔子圣迹图》之《为委吏图》 明代 仇英 绘 文徵明 书

鲁昭公十年已巳，孔子年二十岁，初仕鲁为委吏，料量平。

《孔子圣迹图》之《昭公赐鲤图》 明代 仇英 绘 文徵明 书

鲁昭公十年巳巳，孔子生伯鱼，昭公以鲤鱼赐孔子，荣君之贶，故名鲤。

问礼老聃图 鲁昭公二十四年癸未孔子年三十四岁与南宫敬叔适周见老聃而问礼焉老聃曰子所言其人与骨皆已朽矣独其言在耳且君子得时则驾不得时则蓬累而行吾闻之良贾深藏若虚君子盛德容貌若愚去子之骄气与多欲态色与淫志皆无益于子之身吾之所以告子者若此而已

《孔子圣迹图》之《问礼老聃图》 明代　仇英 绘　文徵明 书

鲁昭公二十四年癸未，孔子年三十四岁，与南宫敬叔适周见老聃，而问礼焉。老聃曰：子所言其人与骨皆已朽矣，独其言在耳，且君子得时则驾不得时则蓬累而行，吾闻之，良贾深藏若虚，君子盛德，容貌若愚，去子之骄气与多欲、态色与淫志，是皆无益于子之身，吾所以告子，若是而已。

在齊聞韶圖 魯昭公二十六年乙酉孔子年三十六歲季平子與郈昭伯以闘雞故得罪于昭公昭公率師擊平子平子與三家共攻昭公公師敗奔齊孔子適齊與太師語樂聞韶三月不知肉味

《孔子圣迹图》之《在齐闻韶图》 明代 仇英 绘 文徵明 书

鲁昭公二十六年乙酉，孔子年三十六岁，季平子与郈昭伯以斗鸡故得罪于昭公。昭公率师击平子，平子与三家共攻昭公，公师败，奔齐。孔子适齐，与太师语乐闻韶，三月不知肉味。

晏婴阻封图

鲁昭公三十二年辛卯，孔子年四十二岁，齐景公将以尼溪之田封孔子，晏婴不可曰：夫儒者滑稽而不可以为轨法；倨傲自顺，不可以为下；崇丧遂哀，破产厚葬，不可以为俗；游说乞贷，不可以为国。自大贤之息，周室既衰，礼乐缺有间。矣今孔子盛容饰，繁登降之礼，祥趋走之节，累世不能殚其学，当年不能究其理。君欲用之以移齐俗非所以先细民也。后景公语孔子曰：吾老矣，不能用也。孔子遂行

《孔子圣迹图》之《晏婴阻封图》 明代 仇英 绘 文徵明 书

鲁昭公三十二年辛卯，孔子年四十二岁。齐景公将以尼溪之田封孔子，晏婴不可曰：夫儒者滑稽而不可以为轨法；倨傲自顺，不可以为下；崇丧遂哀，破产厚葬，不可以为俗；游说乞贷，不可以为国。自大贤之息，周室既衰，礼乐缺有间。矣今孔子盛容饰，繁登降之礼，祥趋走之节，累世不能殚其学，当年不能究其理。君欲用之以移齐俗非所以先细民也。后景公语孔子曰：吾老矣，不能用也。孔子遂行。

《孔子圣迹图》之《齐鲁会夹谷图》 明代 仇英 绘　文徵明 书

鲁定公十年辛丑，孔子年五十二岁。是年，鲁公会齐侯于夹谷。孔子摄行相
事曰：臣闻有文事者必有武备，有武事者必有文备。古者诸侯出疆，必具官
以从。请具左右司马。定公曰：诺。

齐大夫黎鉏言于景公曰：孔子好礼而无勇，若使莱人兵劫之，可以得志。景
公从之。

齐人归女乐图 齐人归女乐图 鲁定公十四年癸卯孔子年五十四岁齐人闻孔子为政惧曰鲁霸我为先并矣盍置致地焉黎鉏曰请先尝阻之而不可则致地庸迟乎于是选女子八十人皆衣纹衣而舞马一十驷以遗鲁君鲁君周道游观怠于政事

《孔子圣迹图》之《齐人归女乐图》 明代 仇英 绘 文徵明 书

鲁定公十四年癸卯，孔子年五十四岁。齐人闻孔子为政，惧曰：鲁霸我为先，并矣，盍置致地焉。黎鉏曰：请先尝阻之，而不可则致地，庸迟乎。于是，选女子八十人，皆衣纹衣而舞，马一十驷，以遗鲁君。鲁君周道游观，怠于政事。

《孔子圣迹图》之《围匡图》 明代 仇英 绘 文徵明 书

鲁定公十四年乙巳，孔子年五十六岁。自宋适陈过匡，阳虎尝暴于匡。孔子貌似阳货，匡人围之五日，子路怒，奋战将于之战。孔子止之，使子路弹琴而歌，孔子和之，曲将终，匡人解甲而去。

《孔子圣迹图》之《子见南子图》 明代 仇英 绘 文徵明 书

子见南子，子路不悦，夫子矢子曰：予所否者，天厌之，天厌之。

《孔子圣迹图》之《同车次乘图》 明代 仇英 绘 文徵明 书

鲁定公十五年丙午，孔子年五十七岁。去卫即蒲，月余返卫，主蘧伯玉家。
灵公与夫人同车使，孔子为次乘，孔子曰：吾未见好德如好色者也，去之。

《孔子圣迹图》之《灵公问陈图》 明代 仇英 绘 文徵明 书

鲁哀公三年戊申，孔子年五十九岁。自卫如晋，至河遂返乎卫，复主蘧伯玉家。灵公问陈，孔子对曰：军旅之事未之学也。明日，与孔子语，公见蜚雁，仰观之，色不在孔子，遂行，复如陈。

《孔子圣迹图》之《册述六经图》 明代 仇英 绘 文徵明 书

鲁哀公十四年庚申，孔子年七十一岁。鲁终不能用，乃序书传礼，册
诗正乐。序易彖、系、象、说卦、文言。弟子盖三千焉，身通六艺者
七十有七人。

真功夫大智慧

四书精讲

周月亮 著

江苏凤凰文艺出版社
JIANGSU PHOENIX LITERATURE AND
ART PUBLISHING

图书在版编目（CIP）数据

真功夫，大智慧：四书精讲 / 周月亮著. —南京：
江苏凤凰文艺出版社，2023.10
ISBN 978 - 7 - 5594 - 7901 - 3

Ⅰ.①真… Ⅱ.①周… Ⅲ.①四书-研究 Ⅳ.
①B222.15

中国国家版本馆 CIP 数据核字（2023）第 143274 号

真功夫，大智慧：四书精讲

周月亮 著

出 版 人　张在健
责任编辑　唐　婧
责任印制　刘　巍
出版发行　江苏凤凰文艺出版社
　　　　　南京市中央路 165 号，邮编：210009
网　　址　http://www.jswenyi.com
印　　刷　苏州市越洋印刷有限公司
开　　本　880 毫米×1230 毫米　1/32
印　　张　10.25
字　　数　178 千字
版　　次　2023 年 10 月第 1 版
印　　次　2023 年 10 月第 1 次印刷
书　　号　ISBN 978 - 7 - 5594 - 7901 - 3
定　　价　69.00 元

目录

《大学》

《中庸》

《论语》

叁

《孟子》

肆

"四书"讲了什么？为什么读"四书"？

所谓的"四书"，在古代简称"学、庸、语、孟"，即《大学》《中庸》《论语》《孟子》，这样排是为了押韵。对"四书"的阅读顺序也是这样：先学《大学》，再学《中庸》，然后再学《论语》，掉过头来再学《孟子》。

"四书"的核心

《大学》讲了什么呢？就记住八个字："诚、正、格、致、修、齐、治、平。"

要问你《大学》的主题是什么？就是"诚意、正心、格物、致知、修身、齐家、治国、平天下"。《大学》的主题，展开说的东西很多，但是为了抗拒遗忘，一定要记住这个简易直接的提拎。

《中庸》的要害就是开头那三句话，"天命之谓性，率性之谓道，修道之谓教"，这是《中庸》的总纲，就像"大学之道，在明明德，在亲民，在止于至善"一样。《中庸》的主题是一个"诚"字，《中庸》讲"诚"是宇宙的支柱，是人生的支点，是人性的底线。这个"诚"，后面我会一步一步地详细讲。

事实上，从发生学角度说，《论语》是最先的，是源头。《论语》说了那么多话，它也有一个关键词，就是"仁"这个字。按照程颐所说，《论语》是孔子语录，这个没有任何争议，有争议的是零碎上的事情。比如，关于《论语》若干传本的争议，主要是谁整理的，是曾子这派门人整理的《论语》，还是哪一派门人整理的，谁整理的带有谁的鲜明特征。据程颐说，《论语》主要是曾子整理的，曾子是一个很"笨"的人，孔子说过："参也鲁。""鲁"是迟钝、木讷的意思。但是，就是这个笨的，反而得了孔子的真传。像子贡，潇洒伶俐、聪明绝顶，但是他得不了这个"真"。

按照程颐说的，《大学》是曾子讲的，这话其实是他的一家之言。《中庸》的作者是子思，基本算共识。我为什么把这个写出来呢？告诉你们一个术语，叫"思孟学派"。从宋代以后，子思和孟子的这一派，简称"思孟学派"。"思孟学派"是孔子的正宗，孔子以后儒分为八，而且他们是七十二贤人，七十二徒各有开拓，然后后面还有不同分支，一部儒学史是很复杂的。但正宗是子思、孟子这一路，叫"思孟学派"。

再说，《孟子》的主题是什么？孟子的主题是"仁心"。孔子讲一个"仁"，孟子讲一个"仁心"。"仁心"和"诚意"是一伙的，也就是"诚"和"仁"是一伙的，这个更根本。

《中庸》讲"诚"，这跟《周易》是一路的。这个"易"，在《易传·系辞》中有较充分的表达，这一套思想是中国哲学的主旋律，《中庸》和《周易》的学术路线是一致的。而《大学》和《中庸》，则是《小戴礼记》中的两篇。《礼记》分《大戴礼记》《小戴礼记》，"大戴"和"小戴"的关系，是叔侄关系。《礼记》在汉代已经确立为经，并被纳入了巩固王权的项目制管理中，所谓的"项目制管理"，就是比如说《礼记》成了经了，我是《礼记》的博导，就给我这个博士项目，类似现在的国家级社科基金，然后我拿着这个基金可以招博士弟子员，我招几个徒弟过来，跟我一块搞研究，这慢慢就形成中国一个独特的系统，叫学统。为什么孙中山会说"重建我的学说、我的政党、我的军队"。政由学出，军也由学出，所以要想更新一个国家的政治面貌，必须先更新它的学术，这是儒家的理想。

"四书" 的内在逻辑

回到"四书"，我先把它的内在逻辑再重新梳理一下。"仁"是什么意思呢？在孔子以前，"仁"是一个日常的东西，它没有统领学术，或者主宰人生轨迹的重要作用。但是从孔子开始，这个"仁"就被提到了宇宙、人生等所有事物的根本上。这就谈到了儒家从胎里带来的一个先天属性——"理想"。

这个社会越不仁，越需要"仁"，越需要"理想"。因为孔子生活在春秋偏晚期，春秋的特征用孔子的话概括就叫"礼崩乐坏"。我们中华文明叫礼乐文明，周公制礼作乐，礼是秩序，乐是精神提升。没有秩序会乱套，都按着秩序，人会萎缩，怎么来弥补这么大的社会缝隙呢？

用乐，唱首歌吧，就是小王子说的，我给你画只羊吧，加上这些东西，这个世界就可以接受了，苦难就有意义了，诸如此类的。比如在社会阶层中，阶层之间的不平衡，靠什么来润滑呢，就是靠这个乐。

乐是生命中的那个阳气，它主生发，主奋斗，主创新，主冒险；礼是那个阴气，它主养成。没有阴，养不成；没有阳，生不成。这就是所谓的"孤阴不长，孤阳不生"。阴和阳它们是配着的。

所以孔子说"仁"的时候，是因为那个社会存在普遍的"不仁"，这个时候孔子被激发出来，想用"仁"来拯救世道人心。

但是，春秋的时候还好，只能说那是礼崩乐坏的开始，到战国的时候就更严重了，兼并战争开始了，天天打仗。试想一下，天天头上导弹飞，这个时候你会想什么，你会讲什么。所以到孟子的时候，当然就靠选择了，这也是为什么会产生诸子百家的原因，就是在打来杀去、不断兼并的过程当中，不同的人选择了不同的姿态。

像法家就选择成为战争的帮凶，提倡富国强兵、寡头政治；道家就躲得远远的，一看快打架了，拎着包赶紧往边上跑，打吧，他不参与；墨家呢，墨子号称代表工商小生产者的利益，他提倡让这些人团结起来自保。这些基本上是面对那个时代巨大问题的不同回应，于是就形成了不同的学派。而儒家这一派呢，他们是坚定的理想主义者，越缺啥越吆喝啥，越没有"仁"就越要"仁"，越缺义，越要义。

所以说，到孟子这里，他提倡以"仁义"为主，没有

"仁"了，只能靠"义"。但是，我为啥写"仁心"，而不写"义"呢，就是为了拿"仁心"对"诚意"。

其实孟子讲得更多的是"义"，因为没有"仁"了，只能靠"义"，靠浩然正气、大丈夫人格，用脊梁骨、用血肉碰动刀枪，就拿这个来顶，"杀身成仁，舍生取义"。我们小时候看电影，蒋介石说，"不成功便成仁"，这个"不成功便成仁"，就是你别回来了，你别再见到我的意思。所以"不成功便成仁"，舍生才能取义，就成了关于死亡的一种辉煌表达，这也是面对时代的态度。

儒家的魅力，就在于这种九死不悔的理想主义精神。正因此，这种理想主义给中国文化撑足了招牌，撑足了脸面。好听、好看，但不好受。尽管不好受，但很崇高。校歌校训都很崇高，儒家就是那个"写校歌校训"的，法家就是那个"管财务"的，他们各有其用。校歌校训往往都歌颂一种理想，我这里要突出的也就是儒家理想主义的特点。这个理想，儒家是拿道德来实现的，所以儒家又叫"道德理想主义"。其实这是关于社会的展望，关于道德理想的推演，"人应该怎样，人与人之间的关系应该怎样，人类社会应该长成什么样"，这就是儒家那套小康、大同思想，都是由对道德的设定推演出来的，这就是所谓的"道德理想主义"。

学懂儒家这个道德理想主义，我们用最方便的方法就把《大学》《中庸》《论语》《孟子》这四部经典提纲挈领地掌握住了。我们今天能从知识上掌握，这就算有学问了。但知识并不是最重要的，儒家重要的是什么，是功夫。不靠说，靠做。

西南联大中文系主任叫罗庸，罗庸过去先讲庄子，后讲屈原，学生都怀念说那是西南联大最叫座的课。但是他讲儒家这套，自己感觉非常后悔，他说自己讲不了，为啥他说自己讲不了，就是儒家这套东西是拿心证出来的，它是功夫，它不是知识。"学而时习之"，谁不会讲，小学生都会讲，但它是个啥意思，怎么才能做到，这就难了，它需要的是功夫。再往后，几次让他讲，他都说讲不了。

对于再老一点的儒生，比如清朝有这样的大儒，他说自己讲不了的时候，或许回头就要自杀了，因为那时候讲"一物不知，儒者之耻"。今天我可以很趾高气扬地说我是教语文的，不会教数学，怎么了，不可以吗？古代那会儿真不行，"一物不知，儒者之耻"。作为一个儒，而且有点名望的儒，居然有他不知道的，"士可杀不可辱"，这不能活了，无颜见天地了，就自杀了。这就是儒，他用他的死，确立了儒学的尊严，也就是那时候了，再往后就不可能了。

顺着这个逻辑讲"五四"的时候，叫"科学民主"至上。像几何、物理、化学，鲁迅他们都去学。鲁迅从日本留学回来教的是化学，鲁迅念书也学的是那一套。中国落后挨打的根源就在于没有科学，从体制上讲叫君主集权，没有民主，所以一定要推行民主。思想文化上的这套"子曰诗云"不能产生原子弹，也不能产生化学。这些东西没用，所以就把这些都废了，在那个大气候之下，所谓的"只手打倒孔家店"，这种风气就出来了。在"五四"的时候，以嘲弄儒家为时髦，就跟熊孩子一样，过来都要撸一下，踢一脚。这样也就形成了儒家的一个厄运。

再往后说，"五四"之后，抗日战争开始了。抗战的时候又需要什么？需要"国歌校歌"，需要鼓舞精神、鼓舞志气了，这时候儒家又回来了。又开始从儒家这里寻找杀身成仁、舍生取义，听从吾心、无问西东的这种精神上的支撑了。所以抗战的时候，儒学又得到了一度的辉煌。1950年代儒学的命运很好，在大统战的背景下，儒学得到了空前绝后的礼遇、推广和建设。

拿儒家的命运举例，就足可以看出这个学说、这个体系，它的命运不取决于它自身，而取决于时代的那种"运"，"文变染乎世运"。一种学术的发扬，有时也是时代所需。

今天儒学又有了市场，为什么我用"市场"这个略显刻薄的字眼呢？因为它现在就是一种市场，跟主义、信仰、教养毫无关系。

抗战的时候，像马一浮他们在那么艰苦卓绝的条件下，还办复兴书院，大讲儒学。尤其是梁漱溟，炮弹一炸，半条腿血肉模糊，房子塌了一角，还没全塌完，走出去，站到墙后头，对着重庆的山，大喊几声，扭头回来往那儿一坐，又是讲儒家这一套，那叫信仰、叫精神。他说自己活着，就是干这个事的，要不然从那儿跳下去算了。梁漱溟出书，就是自己印两百本，为什么？是为了保存，叫内存本。印两百本给子女、亲属，还有他信得过的好友分发，就用这种方式保存。

改革开放以后，儒学迎来了"罢黜百家，独尊儒术"以后的第二个幸福的春天，那时候梁漱溟都七十五六了，中国文化书院把他请来讲课，他坚持站着讲，现场火得很。曾经搞"批林批孔"，只有一个人坚持不批孔子，这人就是梁漱溟。什么叫大儒，这就叫大儒。而那时顺从时运变化的人太多了，都不值一谈，浪费我们的青春。

再倒过来讲这个"仁"，孔子把它称为一个主义的核心。这个"仁"是什么？就跟"美"是什么是一样的，"美"是什么？"美"在哪里？哪个是"美"？哪个是"仁"？这类一级命题，高级的、精神的东西，它本身是看不见摸不着的，它是没有本体的。粉笔可以写字，手机就不能在黑板上写，所以这各有其体，也各有其用。但是，这种"仁"没有体，为什么又普遍存在呢？因为它以"感"为体，如果它本身有了体，它就不会这么充塞宇宙，无所不在了。你看水杯，它只能喝水，你大不了用它插花，但你不能拿水杯做话筒。你干了这个就不能干那个，你有了体了，就会受它的限制。而没有体呢？就是无限的，这也是"无大于有"的奥秘。

"仁"无体，以"感"为体。你看见一个孩子难受，你同情他，这是"感"，通过"感"而去抱着他，这叫"仁"，就像美感产生"美"一样。这个花再好，我看它无"感"，它对我来说就不美。

鲁迅说"去吧，野草！连同我的题词"，这时候是以"感"为美。以"感"为美，你怎么能感呢，你要去做功夫。孟子把这个功夫叫作"集义"，每天积累正能量，然后你就能成为一个正能量满满的人了。正能量满满了以后，碰见巨大的考验，你就能够坚持住了。江姐正能量满满，宁死不屈，而甫志高挨一个巴掌就背叛了组织，他就是平时的"集义"功夫做得不够。

孟子讲的"集义"功夫，其实有好多修炼途径。农民不拔苗助长，也不忘了耕耘，不助不忘，这就是农民的"集义"。我们读书人的"集义"，是"知言养气"。这个"言"很重要，你通过学《论语》里的"言"，养你的浩然正气，这就叫作功夫。孟子的儒学，甚至整个儒家的儒学都是在讲这个功夫。

为什么我特意说"诚意"？诚意就是功夫的起点，你没有诚意，你就没有正心，没有正心，你去格物，你也得把那个物给格歪了，甚至最后反而被物给格了自己。只有正心诚意地去格物，才有后面的修、齐、治、平。

《中庸》里头有个核心词语，就是"诚"。这个"诚"是天道，"诚之"是人道。"之"是什么？"之"是"去"，比如"孔子之魏"，就是孔子到魏国去，所以"诚之"，就是你诚下去，你一路诚下去，这样最好。

只有对人类来说，才有诚不诚的问题，对动物来说没有诚不诚的问题。老虎饿了，它吃了你，它没有什么伦理上的负担，完全是自然的。"诚"的特点是"不自欺"，欺骗人是免不了的，我们每个人的一生也都会撒各种各样的"谎言"。"诚之"，就是不自欺地真诚一路走下去。外在的毁誉、生死、成败，都不管这一套，就一路诚下去，这样你至少从人格上就完成了。

儒家文化关于人性的一个说法就是，人和动物是有区别的，人是可以自己成全自己的。当然人也可能比动物坏，这就叫失了心了，"失其本心"。咱们骂人也常说，"这人得了失心疯了"，我们看见过好多疯狗，它什么也不为，上来就咬，就是这狗得了失心疯了。

过去讲人性论是政治论、制度论的前提，越是率兽食人的战国时代，孟子就越讲人性善。他就认为，你要再不讲人性善，这人就完了，跟那野兽一样，杀来杀去的，整个人性价值世界就塌方了。孔子的时候不那么严重，他没有讲过人性善或者不性善。他讲"性相近，习相远"，孔子的原话没有讲"人之初，性本善"，"性本善"是孟子提的。孔子不讲性与天道这种玄远的东西，孔子有个习惯叫"守近"。"近取诸譬"而"意旨玄远"，就是拿日常生活中的东西打比方，但是含义很深远。

孔子不做那种形而上的诗与远方的阔论，孔子说过一回远方，还是说"道不行，乘桴浮于海"，实在不行了，就坐着竹筏子过海那边去。然后又来了句，谁能跟我去呢？只有子路。因为孔子"守近"，所以《论语》有一个特点就是平实。因为平实，它就能够战胜时代的偏见，能够战胜阶级和种族的偏见，最后它反而是放之四海而皆准的，所以它叫"圣人语"。

反观孟子，他的现场很漂亮，特煽情。有个大学者叫杨公骥，二十四岁就是中国学教授，他写文章，语言也很有个性。杨公骥先生说孟子是个红脸汉，一下子不合了，就拍桌跟你吵。我一看就记住了这句对孟子的评价。孟子说话就是针对性太强、现实性太强，所以他的话永久性就稍差。

有个叫杨仁山的佛学大师，水平很高。他说孔子的话，句句都合乎佛法，这叫"东海西海，其理攸同"。孔子跟释迦牟尼，前后差了那么一点点时间，谁也不可能影响谁，但是他们两个的学说能够说到一块，而且若合符节。所以说，孟子就不如孔子，孟子经常说话对一句错一句。

这样一讲，希望大家对"四书"是什么，以及"四书"的核心先了其大意吧，后面《大学》《中庸》《论语》《孟子》我们还会分开讲。

通过"四书"看儒家的命运

　　龚自珍有一句名诗："兰台序九流，儒家但居一。"在诸子百家九流里，儒是九流的其中之一。在汉武帝之前，儒家的命运就属于要饭摸不着门的状态。为什么？因为礼崩乐坏。儒家所坚持的那个社会理想瓦解了，那个制度没有了。

　　《大学》里面第一句讲"亲民"。"亲民"二字何其理想，何其浪漫。长期封建过程中，形成了儒家这套温情的、理想的、人性善的、所有人都做好人的政治哲学、人生哲学。

　　儒家是一个不灭不绝的"道德理想主义者"，也是一个温情的"人文主义者"。儒家思想是一个不停延伸的文化河床，历代都有壮丽的诗篇衍生出来。儒家可爱在哪里？就在于它不灭不绝，是打也不改的王道，是不管怎么打，也不改。没了，起来，没了，起来……

为什么我用这个词"儒家的命运"？因为汉武帝以前，儒家不得恩宠。为什么？因为那时候各国要的是富国强兵，包括商鞅，他先说王道，秦王睡着了。再说别的，还不行，最后跟他讲霸道，富国强兵，秦王一下精神了，身子往前一探，让他讲，三天三夜不吃不睡，跟王阳明格竹子似的，一定要把富国强兵的窍找到。果然找到了，然后力出一孔。

　　秦这个族，那时候还不叫朝，它是一个边远的、带着遗风的少数民族。《大秦帝国》里面侯君一怒就说，"赳赳老秦，赳赳老秦"。一到打仗打得快崩盘时，他就领着战士们一起唱"赳赳老秦"，战士们就斗志昂扬。西北狼的狼性能够变成一种巨大的战斗意志，所以他们那个时候就富国强兵了。

　　秦富国强兵之后，其他国家也得富国强兵。你不富国强兵，很快就成肥肉了，你富国强兵，还能多跑上两天。所以说当时最管用的，还是富国强兵。齐国胸怀也大，齐国搞经济早，有闲钱，所以在稷下那个地方有一个"国际论坛"（稷下学宫），大家伙都在这个地方搞生产主义、销售主义，推广他的主义。但是，儒家基本上没有变成过一个国家的主义。

　　孔子，用鲁迅的话说是坐着一个破牛车，周游十六国，最后得了胃下垂，一单也没卖出去。孟子命稍微好一点，好在哪儿？可以吃香的、喝辣的，财富有了，国君给孟子钱，高车厚马，耀武扬威，孟子见了国君就训。训归训，给钱归给钱，但是也没有一个按照孟子的主义治国的。

秦始皇统一以后更惨了，焚书坑儒，"坑"了四百多个，"坑"的到底是什么儒，说法也变来变去。有些人说，"坑"的主要是那些方士，就是骗秦始皇的，他们敲诈到秦始皇头上去了，你秦始皇不是想长生不死吗，我给你去找长生不死的药，要钱，没钱咋能炼丹呢？没丹怎么长生不死呢？炼丹的、讨方的、到外头去找这找那的，这帮儒生最后到了年底不交货，今天推明天，明天推后天，秦始皇那么残暴，就把他们"坑"了。当然他又讲"有敢偶语诗书者弃市，以古非今者族"，这就把"焚书"视作制度了，最有力量的是制度。

清朝刻《四库全书》的时候，动员了好几年，让全国献书，说得都很好听，把你家祖传的宝贝献上来，给你发奖状、给你奖金、给你家出一个"大学"指标，那帮老儒，把他爷留下来的，饿死不卖的书，都拿出来献。这个书献上来了，没有违禁、没有骂金朝、没有骂元朝、没有骂夷狄，那就没事。要有骂的，好，接着找，既有甲就有乙，你得说出书是哪儿来的，最后连刻书的都全杀。所以，这里有人惊叹儒家的服从度。这个服从度也是一种"积淀"，累朝累代"积淀"到把百炼钢化成绕指柔，你再高压一点都没关系，我依然可以在苦难中开出花来，这也是儒家的命运之一。

儒者柔也，孔子有个总结，他说你看大风吹过来以后，大树咔嚓一下就折了，小草呢，风来了，倒了，等风过了又回来了，树呢，死了就再也回不来了。这些小草，"一岁一枯荣"，始终在以柔克刚。

章太炎说孔夫子最恨乡愿，但是一个孔子，一个老子，这叫什么？这叫国愿，就是"国家级别的乡愿"。他们"狡猾"，他们胆小，打不过人家，研究了一辈子以柔克刚的方法。打不过不等于输，打不过不等于认输，打不过用别的办法把你打败了，这才见手段。所以，章太炎是个大师，他是鲁迅的老师。

到了汉武帝，我们上过中学的都知道"罢黜百家，独尊儒术"，说得煞有其事，确实有这么点事，但是绝对不像说的那么夸张。提出"罢黜百家，独尊儒术"这口号的是董仲舒，他差点被汉武帝杀了，哪里还谈得上独尊儒术。独尊儒术就应该先保住儒，提这个主张的人还不得当个宰相，当个皇帝的老师？但想杀你的时候照样杀你。那天我看到个短视频，一个老师慷慨激昂地讲，"中国最厉害的既不是孔子，也不是孟子，最厉害的人是董仲舒"。有意思，我看最厉害的人是他。

《春秋繁露》是董仲舒的著作，春秋是春秋大义，繁露就像我们的课堂，我今天的课可以叫作"大学繁露"，就是拿着《大学》，来给你们讲解。

《春秋繁露》里面有讲到天人合一，就是今天人们高高唱起的天人合一。天人合一也叫天人感应，它被提出来，第一个作战目标就是限制皇帝，你做了错事，上天会示警。但是被示警的人，哪有一个是愿意的？何况是有那么无限权力的人。后来汉武帝要杀董仲舒，正好他旁边的"秘书"是董仲舒的学生，这学生跟汉武帝说，您不知道我老师，他是个神经病，净胡说八道，大伙都知道，我们学生都不把他的话当回事。您把他的话当回事，您就上他当了，把他杀了他就成名了，他永垂不朽，您反而遗臭万年，这事情不能干。所以，最后就算了，汉武帝饶了董仲舒。董仲舒的学生骂董仲舒，反而救了他一命。

当年看这个，给我一个启发，我一定要好好对学生，指不定哪个学生什么时候能救我一命。带着这种功利主义教学，就一个学生也教不出来，你跟他做买卖，他还跟你做买卖，这违背了我儒精神。儒家是讲仁和义的，不能单讲利。

因为汉武帝正好喜欢儒学，儒学就得了一个发展的窗口期。但一种学术的大兴还要落实在制度上才行，儒家的命运到今天，似乎又赶上了好时候。但也不是把儒学学好了，这个企业就能盘活，民族就能永远辉煌。

儒家的命运中有这个学说的自身特质，儒家让人敬重的地方，就在于越是苦难的时候，越要坚持理想。越是顺利的时候，它反而叫你收敛着点，这也算成熟老农民的处世智慧。但拿这点智慧去远洋，搞跨国贸易，做芯片啥的，那是不可能的。但是，儒家还有一个根本的立场，也可以说是儒家光荣的一面，就是它永远跟古代集权体制不能沆瀣一气，这是它不被真正重用而只被利用的原因，这也是它的光荣所在。它如果跟古代集权体制沆瀣一气，儒家就成骗术了。

总而言之，儒家运气好的时候，能够被利用，也就是鲁迅说的"从帮闲升为帮忙"，坏运气的时候，不但不用它来帮忙，还要把它扫地出门，甚至再踏上一只脚。

儒家这么伟大，主要靠宋代的那帮儒。宋朝赵匡胤虽然也是个无赖皇帝，但他不杀文臣，立下了规矩。文臣得以有独立之意志，自由之思想。宋儒贡献的思想里，在专制统治之上，逐渐形成了一个道统。你违背了这个道统，统治就要崩坏。五代十国不就崩坏了？宋朝皇帝好好地跟读书人一同管天下，有这么一个道统，就长治久安、文化复兴、民族振兴了。

道统这套东西，逻辑上在元朝。元朝末年也开始用儒家的东西，元代出了吴澄、许衡那两儒，水平整体不高，但是又不能断，也得说出来。明代朱元璋是全部接受元代的统治办法，后来他发现《孟子》里有骂皇帝的内容，把《孟子》的书删了，最后又恢复了。他儿子朱棣编《性理大全》，这个人雄才大略，就把儒家变成国家的辩护体系、国家的意识形态了。到了清朝，对于儒家的歪曲利用达到了极致。可以说，在古代，儒家始终没有逃脱被歪曲被利用的命运。

《大学》

壹

《大学》：儒家的经典教科书

儒家一直想把全社会办成一所培养君子的大学校，据朱熹说三代圣世就是这样一所大学校，所以，当时能"治隆于上，俗美于下"。自周衰王以后，便大势已去，惟孔子在拼命地努力，但他"不得君师之位以行其政教"，不得已只能以师徒相传的形式续君子之学的命脉。据说，经典教科书就是这部《大学》。

《大学》比《论语》《孟子》更适合初学者的地方主要在于它首尾该备、纲领可寻、节目分明、工夫有序。也正因此，它被列为《四书》之首。

当然，《大学》算得上《论语》《孟子》《荀子》的一个杰出摘要缩写本。冯友兰先生用荀子思想来解读《大学》自有其理据，宋儒从思孟学派一线来细加发挥，也自有其条贯融通的法门。

经朱熹整理过的《大学》被分成经、传两部分，一章

"经"文、十章"传"语，据朱熹说：经，是"孔子之言，曾子述之。其'传'十章，则是曾子之意而门人记之也"。这话的可靠性已被无数人审问过、反驳过，梁启超还认为戴震十岁时对其老师"朱子何以知其然"那一问，开启了近世科学研究的新精神，这当然都是后话。不过，足见《大学》极有魅力，才成《四书》之首，才成为官方的"权力话语"文本，也才引来穿凿附会、反驳直取的拉锯战，这倒是可以写一部阐释史的。

我们只觉得，朱熹那一分倒也蛮有道理，那一章"经"像一篇格言化的宣言，将儒学的主要内容术语化了，像修身、齐家、治国、平天下几乎成了后世社会化的"顺口溜"；那十章"传"则像高头讲章。经，议而不论；传，论而不辨。但的确把孔学的主要思想连成了一个有序的"共同体"。用个不恰当的比喻，可以说它是儒学体系的程序图，尤其是八条目，像个环形套链，还真显示了儒学自循环的"周天"血脉。

贯通其中的是自圆其说、直观外推的玄学逻辑。从"平天下"逐层还原，从"格物"拾级而下，那一个环形理路中包含着道德为本的人性论观念、道德万能的哲学观念、家国一体的社会学观念，核心当然是作为"修己治人之术"的大学之道。

"自天子以至于庶人，壹是皆以修身为本。"这既是孔门的道德哲学，也是儒家"施予有政"的政治方略，孔子对君人者讲礼治、讲身正令行，孟子给君人者讲仁者无敌，荀子教君主以修身为大本，都是这个思路，它有限地申说着类似"人是目的"这样的意思，但与西方之"人是目的"人本主义讲抽象化的"大写的"人不同，这里讲的人是必须讲求正心、诚意、修身、齐家的社会关系中具体的人。

所谓"三纲领"之第一纲："明明德"就包含着自明其明德又推己及人、明明德于天下这样一个由内圣而外王的完整思想。

那么什么叫"明德"呢？从语言层面讲就是光明伟大的道德，从哲学层面讲就是《朱子语录》中说的："明德，是我得之于天，而方寸中光明底物事。"所谓明德就是天理，修炼到明德境界就是浑然天理境界了。而明明德就是把这种光明伟大的道德发扬光大，去"亲（新）民"，其极致就是"平天下""止于至善"。其过程便是"八条目"中的前四项："欲明明德于天下者，先治其国；欲治其国者，先齐其家；欲齐其家者，先修其身。"主要突出了个人之于社会的关系，儒家向来是反对溺于虚空的修身之道的。

以修身为中枢，又连起后四项，即回答怎样修身的问题："欲修其身者，先正其心；欲正其心者，先诚其意；欲诚其意者，先致其知；致知在格物。"

这段链条联结的是主、客关系。先儒大约明白了人的正确思想不是从天上掉下来的，"明德"能成为"我方寸中光明底物事"，则须从"格物"做起，是个十年"格物"，一朝"物格"的修炼过程。当八条目之"序"又从格物这边再展示一遍时，格物成了这个链条的始基，似乎约略相当于从认识论讲起了：

> 物格而后知至，知至而后意诚，意诚而后心正，心正而后身修，身修而后家齐，家齐而后国治，国治而后天下平。（《大学》"经文"章）

但怎样"格物"才是真正的认识论问题，可惜《大学》语焉不详，后儒遂有种种解释。但基本上都是以正心诚意为"格物"的前提，朱子《大学》"或问"云："盖此心既立，由是格物致知，以尽事物之理，则所谓尊德性而道问学。"还是尊德性第一，"此心既立"反而成了格物致知的起点。说起来，理学还是道问学的，逮至心学，便多

真功夫，大智慧：四书精讲

是尊德性、致良知那一面之词了。

《大学》中这八条目正着说过来，倒着说过去，一方面如《朱子语录》所说："如一部行程历相似，皆有节次。"使人有"渐到那田地"的自觉。而更重要的是为了显示明德（内圣）与平天下（外王）是一回事，甚至内圣就是外王了："人皆有以明其明德，则各诚其意，各正其心，各修其身，各亲其亲，各长其长，而天下无不平矣。"（朱子《大学》"或问"，这个讲解是符合本意的）这个思路很高远，也很天真，但是个人修养之伦理追求与治国平天下之政治运作毕竟是两回事，是分属于两个虽有联系但不能混同的领域的。即使要求每个人由圣而王是正确的，也不能用道德代替法律、代替技术，毕竟道德心性与社会政治是两码事，修养再高的道德家未必治得了国、平得了天下。

其实，《大学》第十章的类推只是推论的转换："所谓治国，必先齐其家者，其家不可教而能教人者，无之。"中间的逻辑缝隙之大是一目了然的，紧接的类推几成无类演绎："故君子不出家而成教于国：孝者，所以事君也；弟者，所以事长也；慈者，所以使众也。"

更为典型的还有，如第十一章讲"义利之辨"："君子先慎乎德。有德此有人，有人此有土，有土此有财，有财此有用。"每个环节都是靠不证自明的转换跨越的，然而却正是这种逻辑一直支撑着那个意识形态体系。

致良知，成为大写的人

《大学》是干什么的？《大学》是教人"大"的。孟子说，"养其小者为小人，养其大者为大人"，就是要把自己做大做强。《大学》的教育目标、战略定位，就是让你成为一个"大人"；《大学》的原理和工作方法是三句话："大学之道，在明明德，在亲民，在止于至善。"这三句叫"三纲"。

《大学》的"三纲"

"三纲"的第一纲就是"在明明德"，"明德"，顾名思义，是光明的道德，第一个"明"是动词，让你光明的道德更加璀璨。

我们接受教育的目的是什么？是让我们成为一个大人，成为一个大写的人，别成为一个奴才走狗。

"为人进出的门紧锁着，为狗爬出的洞敞开着，一个声音高叫着：出来吧，给你自由，我渴望自由，但人的身躯，怎么能从狗洞子里爬出？"这首诗是叶挺在囚房里写的，《红岩》里面把它挪成陈刚写的了，不过现在已经看见叶挺的真迹了。这说的就是一个选择，价值观是个选择问题，你看人们的身躯怎么能从狗洞子里爬出？这就是儒家讲的第一个原则：人和禽兽的区别。

孔子讲，人与禽兽的区别非常少，这是他看见的。人是从大自然来的，这是一个天然的事实。但是孟子想办法让人和禽兽拉开距离，拉开距离靠什么？仁、义、礼、智。

"在明明德"其实就是让我们人的情更广大，更丰富，更灿烂。但是下面的问题是，什么才叫"明德"呢？这就是关于人的定义了，是最高的、最后的结论。在漫长的封建社会里最高的、最后的结论是王阳明给出来的，他认为这个"明德"就是良知，是光明灿烂的道德，就是让你的良知把你自己照亮，把别人也照亮。

"明明德"翻译成明代王阳明的学术语言就叫致良知，你今天再翻，还真不好翻。一个脱离了低级趣味的人，一个毫不利己、专门利人的人，是圣人，这叫"明明德"。"明明德"是一个漂亮的口号，对它检测的一个铁打的标准是"亲民"，你亲不亲民是立刻就能获得验证的。

朱熹的《四书章句》是古代国家标准教材，但是他的原文是"意在新民"，王阳明就改了一个字，把"新"民改成"亲"民，在他到处讲学中大讲"亲民"，后来看王阳明改得确实好，"在亲民"更符合《大学》这篇儒学宣言的原意。

《大学》是抓根本，王阳明坚持"在亲民"，"亲民"就是跟人亲，把人当人，推崇"万物一体之仁"，乃至于对狗、猫也要"仁"。这就是坚持儒家骨子里的人情味，一般的读书人，要有点人情味，就偏向儒家；没有人情味，就偏向法家。周敦颐不除窗前草，因为他认为那是万物的生生之意，它和"万物一体之仁"一样，里面都包含着一种儒家的平等观。

我在上研究生的时候，还觉得"新民"好，"新民"多来劲，新民学会、"日新日日新""新感性"，每天活得跟原先不一样，这里包含了一种进化论的气息。"新"的概念是：我是精英，我来"新"你的意思，它含有一种教化的傲慢。而"在亲民"呢，它保证了人道主义的底线，"在亲民"也是一条为人民服务的路线，我现在更认同王阳明说的"在亲民"。

"在止于至善"要强调这个"止"，下面讲的就是"知止而后定"。好像接龙似的，上一句有这个字，下一句接着这个字再说。"在止于至善"，然后"知止而后有定"是什么意思呢？"知止"后来不讲了，尤其是近代以来，我们接受西方的这套像箭一样射出去的进步观，一去不回头了。

为什么西方讲衰落，中国永远不讲衰落？我们大不过是循环，我们再一次振兴，他们西方人是一去不回头的，他的时间像箭一样往前射，不能停止。浮士德说"太好了，停一停吧"，不行的，一定要往前窜，就跟自行车一样，骑着它是稳的，站着它就要倒，这是西方文化的运动观。伯恩斯坦主张运动就是一切，不运动就完了，这都是西方的观念。

儒家则是讲究"知止"，不知止必栽跟头。房地产大佬现在都后悔，如果见好就收，别再扩张，他可能就是首富，结果他非要扩。所以，知止和不知止，这是两种人生风格，变成了两条社会道路，两种战略思维。

下面一个难点在于"至善"。什么叫"至善"？严格按儒家体系来说，所谓的"至善"是不存在的，没有"至善"。孔夫子也没有说过"我'至善'了"，所以"止于至善"这个提法没有根据，不能这么说的，但是它偏重在强调"知止"，所以人们不大批判这一点。当然你非说"至善"，也可以给它一个规定。

拿王阳明的规定举例，王阳明是个简化大师，他能把好多问题化约，无善无恶心之体，无善无恶的状态，就叫"至善"。因为什么？一谈善必有恶，是非对错就都来了，会进入你死我活的拼刺刀状态，就不好。无善无恶的状态，解释出来，其实是回到一种空净的状态，所以"明德"也是一种空净。"明德"，只有你无欲无求的时候才能实现，要是有欲有求那"德"就不那么"明"了，这是铁定的。

《大学》里"止于至善"的本意，是让你在善良的段位上停住，别过度，为什么"止"？说老实话，因为人都是有欲望的。人脱离自然以后，脱离其他的动物伙伴以后，人就成了宇宙的立法者，成了万物的灵长，他就开始打兼并战争了。所以人单靠各种功能，都抵不过其他动物，但是人会利用工具。现在人终于有了对付其他动物的办法，但是地球就要出问题了。

"知止"是一种刹车机制，一个车没有刹车机制，这个车谁敢买？我们既有动力机制，也有刹车机制，合成一个平衡，它要求你在最好的时候保持住，"知止"也有保持的意思。

"三纲" 的关系： 动态中的平衡

接下来讲它们的关系，"知止而后有定"，你们都知道企业经营中要止损，这个世界有加法，也有减法，"知止"就是用减法，你要知道在什么时候停下来。也不是说减法就都正确，加法就都错，没有，但不审势，宽严皆误。不审时度势，"宽"也许犯错误，"严"也许更犯错误，只有审时度势才宽严都正好。所以说，没有现成的配方，没有标准答案。

知止而后有定，定了以后才能够静，这其实是一种修行的方法。静了以后才能够安，安了以后才能够虑，虑了以后才能够得。军师每临大事有静气，动起来的时候只是局部，一动是一隅，只是一个领域，静下来，这是全，战略思维就是从静中产生的。战略思维要是从动中产生，那肯定是祸国殃民的。战术思维一定是在动中的，静的是纸上谈兵，枪一响，兵法都忘了，这是好指挥官。

动和静也是一个动态平衡，辩证法就是动态平衡的意思。心学讲求"安静"的"静"，理学讲求"尊敬"的"敬"。安静下来，有时候更加妄念纷飞，一定要居敬持志，一定要敬天命、敬老师，一定要敬一个权威，这叫居敬持志。

鲁迅为什么反对过度读中国书，因为过度读中国书容易让人静下来，从而"知止"太多。在西风东渐、军阀混战的时候，鲁迅希望有另外一套精气神。鲁迅有鲁迅的时代，他有他的思维，有他针对的问题，而今天有今天的问题，这都没有统一的标准答案，没有放之四海而皆准的学说。

说了这么多，我们在读《大学》时应该抓住的核心是什么？"物有本末，事有终始，知所先后，则近道矣。"王阳明最喜欢的那个学生王艮就讲过这几句话，让思想史上的人都很佩服他。

事物都有本有末，事情都有开始有结束，我们要抓要害抓根本，抓住开端的地方，这样去做，就叫近道了。这就是心学的道理，心学就是要抓住那个起点。过程他管不了，看命，但是起点很重要。这就叫轻重缓急，轻重缓急错了就完了。

中医的奥妙在药量，配置之间、相互之间的搭配。但是，这还有一个根，这根是什么？其实就是人心。所以说，后面讲的东西是从修心开始。王阳明对《大学》做的贡献就是把诚意放在起点。物也好，事也好，它们都有原点。这个原点就是"诚意"，也就是《中庸》里面讲的"诚"。

修己明德，人生进修的阶梯

"古"儒家的本质叫作"法先王"，儒家的理想叫作"三代"。"大三代"即"尧舜禹"，小三代是"夏商周"。"三代之治"是儒家的理想国，所以"古"最好是"尧舜禹"，然后是"夏商周"。但是，消失了的那些帝国，它们"欲明明德于天下者"，必须先治其国。这个"国"是他自己的分封国，是他那个权力范围的边界，要想治这个"国"，从权力讲起是对的，这是现实主义的态度，没有权力，一步也推不动。

《大学》的"八目"

"欲治其国，先齐其家。"这个"家"是家族，是古代姓氏系统。周王朝的周天子姓"姬"，姜子牙其实姓吕，这两大家族，是西北那一带最大的，他俩联合，这一代姬氏掌权，下一代吕家掌权。这两大家族的契约精神很坚固，维系了八百年。分封制是寿命最长的，周王朝维持了八百多年。剩下的秦朝，秦始皇那么厉害，秦王扫六合，虎视何雄哉，结果二世就亡了，也就维持了十五年左右。汉朝接受他的教训，延续了四百多年。隋朝大一统也是二世而亡，持续了三十多年。

总而言之，分封制寿命长，这和他的治理理念，以及他那套制度，都息息相关。

> 欲齐其家者，先修其身；欲修其身者，先正其心；欲正其心者，先诚其意。（《大学》"经文"章）

心是个原点，倒过来是"诚意正心"。诚意怎么"诚"呢？喊口号能成吗？不能成。必须用"学"来辅佐"修"。道教那一套，佛学一系，都讲究一个"悟"和"修"，它们是相辅相成的关系。诚意的"意"是什么？意之所着便是物，意没有空空的、悬着的。什么也不想，闭着眼，脑袋里意象纷呈。睡着了做梦，梦是那个意象的最好注解，有意才有象，日有所思，夜有所梦，意在其中一气贯穿。

"诚意"按《中庸》说是"通天彻地"的，其实"明明德"的"明德"是诚，"明明德"也是诚，就是"明"

也是诚。

功夫和本体一体化，是儒家文化的一个特征。把它作为学说来倡导，王阳明的"知行合一"就是这种一体化的表现。心学家为什么有两下子呢？就是因为他有功夫上身。朱熹只会讲，做事的时候没有办法，办法少，他是学者型的。心学是实干型的，空谈误国，实干兴邦，其实真正的心学家不空谈。

王阳明绝对反对空谈，而且尤其反对玩弄光景，要是学生玩弄光景说笑，他就骂了，骂他没长进，没志气，要是外人就笑一笑。不诚叫"欺"，人就怕欺心，自己骗自己。有些人在外头打官腔，这都好说，回到家还打官腔，甚至跟幼儿园小朋友也打官腔，那这个人没救了、已经废了。用马克思的学说，他已经异化了，官场思维已经把他的人性彻底废了。

所以"诚"是什么呢？莫自欺。连自己都欺骗那就没底线了。怎么让意"诚"呢？一定要学习，致知，使"知"条理化。我们学习主要是为了使我们的思维系统能形成一个结构。知识结构不行，很多事就干不了。比如我们文科出身的人，就很难去干理工科的事情。

我有个学生去开办网络游戏公司，我说你开办网络游戏公司，我给你当顾问，他说，老师，你的想象力太陈旧了，不听你的还好，听你的就全砸了。后面一句话是我说的，他没说，在中国虚伪的礼仪还是有的。说到我想象力陈旧的时候，我就已经结构性废弃了，这铁轨就没人用了，在这儿铺着，道岔已经拐那边去了。这就是"致知"的重要性。

"致知"的要害在"格物"。格物就好像格斗，一开始听了特刺激，后来我看见太虚法师也说格物就是格斗；我说良知是直觉，后来我看见梁漱溟也说良知是直觉。当然了，他们是大师，他们先得，我学习不够，等我半截的时候，我才看见他们是这样说的。但我说的时候没有看到他们这样说，所以我的话就一点价值都没有了，因为已经有人说过了，我再说什么，它就没有开创性了，只有普及性。我可以跟你们普及，有普及之功，但没有开创之力。

"格物"说了个什么道理呢？就是在实践中增长真知。弗洛伊德说过，你刚认识这个字时，你会发觉老碰见这个字，你看什么书都能碰见这个字。我刚说的这个及物，儒者的心必须得及物，魏晋儒生也讲及物，这是什么？唤起自觉。唤起自觉以后它才对你存在，你唤不起自觉，是在

真功夫，大智慧：四书精讲

架空度日，唤起自觉这就叫"心即理"，这就叫心外无物。它必须对你存在，它才在。

我过去写《孔学儒术》的时候，我以为我有个比喻很精彩，叫"拾阶而上"，"物格而后知至，知至而后意诚，意诚后心正，心正而后身修，身修而后家齐，家齐而后国治，国治而后天下平"，这是台阶化的，那会儿觉得挺好，有个抓手。我现在想想，有台阶，拾阶而上这个理解就是格式化的，是错误的。地球上没有这回事情，没有格式化的说法。

这就像我们跟着字帖练毛笔字似的，它给你仿好了。对于初学者，对于开蒙的，对于不相信儒学的，这叫有次第。但对于老百姓，这叫不会走就练跑，是不行的。在佛教里这叫"躐等"，就是越级，修行必须按照次第，这么一阶一阶地走。这是规范异化，非要你按照这个格式去跳，这是个不切实际的规矩。它不坏，它是好心好意，讲究无规矩不成方圆，但同时它也是格式化的东西，这种东西什么时候有好处？机械制造时代有好处，讲究物理的复制。

修身主要说的是德性，这对于皇帝来说是一种约束。你要坚持修你的心，你要亲民，你不能任性。现在人们看清楚了，所谓的汉武大帝，他统治时期有大量的人口都非正常死亡了。在古代，越是大帝，可能死人越多，康乾盛世也死人累累，越是不上班的皇帝，像明朝那几个不上班的皇帝，反而养育了晚明浪漫洪流。他躺平了，这个世界就自由了，他挥舞扬鞭的时候，这个世界就乱套了。所以，皇权和民权有时候是你死我活的对立关系，儒家想来勾这个缝，让皇帝对老百姓好一点，让老百姓对皇帝更忠孝一点，做个和事佬。也正因此，章太炎骂他们是国愿。

刚性的是这个社会制度，叫作体制。体制决定事物的发展方向，决定事物的变化，决定主要矛盾的主要方面。儒家这套为什么叫软实力呢？软的，更容易配合好。王安石改革的时候，宋神宗想当尧舜之帝，王安石就有机会大改革一番。贺麟写王安石与陆九渊写得真好，王安石才是王阳明的前驱，他们的理念逻辑，都是想通过权力改变世界。

特殊时期，王安石曾被列为法家。那个时候被列为法家是光荣的，列为儒家要被踏上一千只脚，永世不得翻身。岳飞那么英明赫赫，但暂不列为法家，因为他有个硬伤，他镇压过农民起义。王安石在一段时间曾被当作伟大的改革家和法家的光辉代表人物。

我们在编《历代大儒传》的时候还念叨：怎么办呢？

列王安石是法家还是儒家？最后我们编的《历代大儒传》其实列王安石是个儒，后来看书看多了才知道王安石失败在什么地方，在于他用经术来改革，就是完全按照儒家的经典来改革。司马光是完全按照历史来改革，苏东坡是完全按照文学来改革，所以这三个人各得其偏。不能把他们合起来吗？这是我们事后诸葛亮，这都是幼儿园可爱的童声。

说回《大学》，王阳明说"诚意"是个纲。意诚了以后，致一点"知"，内心就成长一点，这在古代叫作"为己之学"。我最近到处推荐《古今名人读书法》这本书，它主要讲名人是怎么读书的，我觉得在中国传媒大学的学生之间应该推广这本书，当年各个二级学院净让我推荐书目什么的，最近也不做了。就像戏剧影视学院的，我会给他们推荐一些他们能消化吸收的大众化图书，因为我知道"戏影"学生的基本状态，如果我给他们推荐《大学章句》，那是我不懂事。

"为己之学"是真儒的标准，孔子也坚持，荀子也坚持，孟子把它强化到极端，就是"为己"。只要为己意是诚的，就修了心。要是为人之学，你不诚了，你在表演，掌握权力和资本的人让你做什么，你就做什么，跟学问就没有关系了。不管是良心还是儒家的道德理想，它都是保底的，都是在做选择，是给自己的一个交代，这就是"为己之学"。

儒家为什么被称为道德理想主义？"自天子以至于庶人，壹是皆以修身为本"，一定以自身的道德修养为本。我上本科的时候问老师什么是"慎独"，那个老师拉弓射箭，没有有效地回答我的疑问，等我上研究生的时候我还问老师什么是"慎独"，老师其实也没有回答我的疑问，因为老师是根据知识学的。我老觉得这个"慎独"是神秘的，等后来我看书看多了，才知道"慎独"是有点半宗教色彩的。我的导师很有学问的，但是他从知识论的角度说不清这种带有神秘要求的东西。"慎独"是半宗教性的，中国没有忏悔室，"慎独"就是中国的忏悔室，修身就要"慎独"。

"其本乱而末治者，否矣，其所厚者薄，而其所薄者厚，未之有也。"这个强调了一个什么原则？对等原则。你对他厚他就会对你厚，你对他薄他就不会对你厚。这话也有一半是理想，你对他很好，他对你很薄的也多，但是你对他很薄，你希望他对你很厚，这不大可能，极其小概率。民间讲"一口饭养恩人，一斗米养仇人"，这都没有标准答案，关键还看碰见什么人。自己好好修身，不保证你就能遇到好人，但能让你起码不轻易错过好人。

真心诚意，不自欺欺人

《大学》里除了"三纲""八目"，再往后面的大家了解其大意就可以了。后半部分所讲，在佛教中可称为圣言证，逻辑学上叫权威论证，就是引经据典，证明前面所说皆对。《康诰》里说"克明俊德"，《盘铭》里说"苟日新，日日新"，这些句子都叫圣言，其实都是一种。

前面的"三纲""八目"是经，后面的引文叫"传"，包括人物传记，这就是所谓的"圣经贤传"，为什么称为"传"？传就带有一点演绎色彩，讲道理，再援引几个例子。佛祖说了，太上老君说了，朱熹说了，这个是解释它是什么的，你们想看那固然好，不想看，也就算了。我觉得对大家有益的是从"所谓诚其意者，毋自欺也"看起。

从"诚意"开始学起，因为制度性的东西与这个学说无关，它是一种力量的折冲、权力的平衡。儒家的逻辑是从孔子开始形成主义治国，形成一个道统指导政统（就是政治的政），和现实的统治者。

孔子讲"施于有政"，即我不掌权，但我可以让掌权者接受我的影响，建设好的政府，给人类提供秩序和服务。杜甫都穷到快要去要饭了，磨得胳膊肘都出血了，还要寻找逃难的皇帝，怀着"致君尧舜上，再使风俗淳"的抱负，让皇帝坐上尧舜那样的高位。王安石跟宋神宗说，你一定要当尧舜那样的皇帝，你不当这样的皇帝，尧舜都不同意、不答应，于是年轻的宋神宗雄心万丈，就开始改革。王安石的改革，君臣很相得，两个人皆是诚其意的。其实每一个大改革家，都得先诚其意。

商鞅去向秦王说变法思想的时候，秦王同意进行改革，商鞅说不行，你这是一时兴起，信不过。等过一段时间，秦王找他，商鞅一直拒绝相见，憋到最后，秦王说砸锅卖铁也得干，这个时候下定决心了，商鞅才说可以。改革都有一个犹豫期，犹豫期度过后，决心似铁，但还是难以保证，最终商鞅还不是被五马分尸了。

法家很少有好下场的，过着刀尖舐血的日子，求祸而得祸，又何怨乎。王安石跟宋神宗与此不同，因为王安石完全是出于公心，尽管方法不得当，但基本上没有私仇，王安石看得很清楚，若我这套东西被那些急功近利，追求立竿见影，着急邀赏的人来做，定会搞砸。结果那个体制，它就是要让这些人出来，王安石防止这种人出来，可最后还是把改革这件事做砸了，王安石最后骑着驴游历世界，不用前呼后拥的保护，一般的还不防刺杀，罢免了那么多官，王安石极其坦然，半山居士骑着驴，念经参禅，这种豪杰心性谈禅也能辟进去。

"所谓诚其意者，毋自欺也"，下面讲的是修行，重点在"如恶恶臭""如好好色""此之谓自谦""故君子必慎其独也"。

先说第一个，孔子从未讲过人性本善，为什么？因为人性若善，就会"好德如好色"，孔子说"吾未见好德如好色者也"。为什么讲诚实？诚实就是不自欺，不自欺就是闻到臭味马上捂鼻子，这就是"恶恶臭"。"如好好色"，看见美好的东西就多看一眼，这叫"直给"，换个字眼也叫直觉。"直给"没有算计，它是本能的东西，这才是"诚"。眉头一皱，计上心来，一合计，这时候可能更诚，可能更伪，但它具有了伪的可能性，出现缝隙了。

怎样使本能的东西持续化，不昙花一现，而是成为自己的东西，而且是长期有效的。这要靠"慎独"，自己审判自己，把好的坏的直觉的反映，变成一种体系，而不再是即兴的东西。有些人心很软，罗素嘲笑这类浪漫的思想家，说他们善感性，很容易被感动，他们很感性很善良，在街头看见小孩子要饭，就把兜里的五块钱掏出来。但是马上有一个关于妇女儿童福利的会议，他嫌麻烦，却不去参加了，结果无法改善妇女儿童的困境。中国文化在善感性的范畴中，脱离善感性的是法家、兵家那一套。儒家在这方面，自有其道理和优越性，"君子必慎其独也"。因此《大学》的学问在哪里？在心里。

有人就经常批评现在的教育忽略了人格教育，其实不是从现在开始的，整个西方的新式学堂进来之后都是这个范式。所以这也是为什么晏阳初、梁漱溟，还有陶行知一定要用传统的人格教育、实践教育兴办乡村教育，他们称其为乡村教育运动。那是民国时期可歌可泣的一场运动，地方政府也非常棒，那么混乱的情况下，居然支持并拨款，这帮穷酸书生是当时最亮丽的一道风景线。我联系一点历史段子，也是为了给你们建立这种经验的感受。

程子说，若读《论语》以前，你是什么样的人，读完《论语》后，你还是一样，此为不善读书、书未曾读。这是我在《古今名人读书法》中看见的，这话在程子的集子里，我们看的时候，肯定不会为之停留，但是把它拿出来，反而亮眼了。这是在讲"诚"，也是在讲读书方法，书中写道："子曰：'学而时习之'。"

"子曰"一出现，就觉得夫子就在身边，跟你说话，这不就是我们游戏中的代入感吗，代入之后，你就不是在挨训，而是在玩游戏。子曰"学而时习之，不亦说乎"，代入其中，读完《四书》后，一定和没读以前不一样，这才是真正读了《四书》。

时间里的"大学"和人性的定义

在《叶甫盖尼·奥涅金》中，普希金说："上天让我们习惯各种事物，就是用它来代替幸福。"上帝并没有给人带来幸福，习惯就是幸福。刚开始上网课的时候，我对着电脑说了上句想不起来下句，好像神经病似的，自言自语，也看不见同学们听课的反应，不知道深浅，也不知道快慢。但现在我已经习惯对着电脑上课了，结果又回教室上课反而不习惯了。知道第二天要面对同学上课，吓得我一夜没睡好觉，不习惯了。所以这就叫"习惯就是幸福"。对着同学讲习惯了，就对不了电脑。对着电脑讲惯了，就对不了同学。

关于"人"的定义有好多。语言学家说，人是语言的动物；政治学家说，人是政治的动物；经济学家说，人是理性的动物；社会学家说，人是习惯的动物。关于"人"的定义，如果你想穷尽性搜索，能从今晚搜到明天天亮。

在习惯中，关于"人"的定义里又可以引申出好些流派来。其中一种流派认为，人性是恶的，只要不受约束，在这个习惯之内，他可以变得要多坏有多坏，有大量的艺术家和社会学家都在做这方面的调研。

有个教授就做了一个实验，把一班同学中的一部分人分成"管教"，另一部分人分成"囚犯"。一开始相互还嘻嘻哈哈，同学之间是平等的。第二天差距就出来了，"管教"的气质就出来了，"囚犯"的味道就出来了。等到第六天，差不多就是真的了。"囚犯"腰弯了，低眉顺眼了；"管教"的权力使人膨胀了。人是习惯的动物，证据有好多好多，这是人性恶的一派。关于人性善的，也能有一圈证据，随着后天的调教恶人也能找回善良。所以我们就不要有标准答案，这标准答案是害死人的东西。

《大学》最普及的课本是明代刻的，明代在文献史上有句行话："明人刻书而书亡。"明代人刻书，这书就完蛋了，为什么？明朝人普遍不读书，不读书却好刻书，就会妄议更改。所以王阳明有理有据，可以反驳朱熹以意为之对《大学》下的定义。你们每个人都可以对"人"下个定义，就看谁是权威话语。此刻，我是权威，我坐在讲台上了，要是过两天你们坐在这里，我在下面，我就得听你们的。

真功夫，大智慧：四书精讲

学理的依据永远依托于这种形势的变换。我是用内证法，完全甩开这一套，从文本本身来说的。《大学》这个文本的出现一定很晚，所以它记得也很含糊。孔子说的，他的门人记载下来的，这话都是"托辞"（托一个比他嘹亮的人，以他的口说出来）。比如李白的诗里，能考证出很多是伪托。我写了唱不响，说是李白写的，就唱遍大江南北了。古人反正也不拿这个评职称，也不拿这个赚稿费，他就为了自我实现一把，所以，他宁肯去找托儿。

另外一个原因是，《大学》是论文体。你们看《论语》时稍微留意一点，孔子说的也好，他学生说的也好，都是家常话，只是比家常话简洁一点，非常平易。讲《论语》不好讲的地方是什么？就是它的家常话后面有深刻的道理。你要是只对着字面讲，就会产生黑格尔式的错觉，孔子这几句话不翻译过来，我们多么佩服他，但等翻译过来以后，就觉得这陈词滥调、老生常谈的怎么能影响中国几千年呢？

黑格尔读孔子时只见相，没有见性，只见了皮，没有见髓。因为他只能靠字面理解，对于整个巨大的文化潜意识毫无感觉。所以，名人说胡话的时候特别多，不要迷信名人。克尔凯郭尔出生比黑格尔略晚一点，他们同学之间互相骂人，拿黑格尔开玩笑，说你个"傻黑格尔""蠢黑格尔"。英国古典政治经济学、法国和英国的空想社会主义、德国古典哲学，是马克思主义的三大来源，作为三大来源之一的德国古典哲学，马克思主义批评性承继的主要是黑格尔的哲学。所以说，黑格尔哲学是马克思主义的一个重要来源，因此，我们把黑格尔奉为仅次于马克思的哲学大师。

《大学》的逻辑结构比较清晰、思辨能力有明显进步，正因为如此，学界认为，《大学》的成书时代应当晚于《孟子》。《孟子》虽有思辨力，但是仍然是语录体，它的论辩剑拔弩张，你说一，我说十，在那儿一步一步地往下讲。从《大学》与《孟子》的文体演进就能看出语言的变化。维特根斯坦讲，人类的许多问题，都是语言表述不当导致的，每个人都生活在语言游戏中，人类真正的变化是语言的变化，语言没有变化怎么变都没有用，你还出不了你的边界。所以，新文化运动从改造语言开始，改造语言是好事，但是用差一等的去改造高一等的，也是文化演进史的辩证特征之一。

比如蒙古比金朝要落后，比宋朝更落后，但是它就把金朝和宋朝都打烂了，而实行蒙古这一套，实行了一百年。蒙古大军把北方顺利拿下，等过长江的时候遇到了顽强的抵抗，于是他们出了个政策，只要遇到抵抗就屠城。

高压下不把人当成人，尤其是不把"南人"当成人。这个"南"是南方的"南"，是长江以南的南。所以他们把南人列成最低的一等，比南人高一点的叫汉人。汉人上边是色目人，色目人上面是蒙古人，这是赤裸裸的高压政策。明朝又全面继承了这些东西，他觉得好使，高压锅原理是最好使的，省事。所以，你别看朱元璋是个汉人，一旦他在皇位上一坐，就开始实施权力这套东西了。

元朝一开始实行的是杀光政策。鲁迅说，作威不要别人活，作福又不能让别人死。作福得需要别人伺候，人死了，谁伺候他呢？所以就在他们作威和作福之间，给被统治者留下一点活着的空间和缝隙，让人有当牛做马的机会。他们最后就发觉儒家这一套是强调秩序与服从的，这个好用。所以，元朝开始的第一个国策是把屠杀汉人改成让华北平原都长草，用草喂马。

工业文明为什么能取代农业文明？靠的是亩产单位价值的迅速提升。这一亩地盖一栋楼，拔地而起三四十层，一套就卖三五百万。要是种棒子、玉米、高粱，种到下十辈也产生不了这么多价值。把华北平原用来养马，产出太低，还是让人活着，尤其要让中原人活着，然后让他们接受理学这套东西。

关于理学，朱熹活着的时候受了一辈子批判，受了一辈子打压，受了一辈子窝囊气。所以朱熹浩然长叹，"尧舜、周公、孔孟之道，何尝一日兴乎天壤之间"？没想到朱熹死了以后，他成了最高权威，成了"国教版统编教材"的标准答案。朱元璋的儿子朱棣把它拿过来编写成《性理大全》，并开始推广理学这套东西。

我判断《大学》最早是汉初这帮儒生们，从秦朝二世而亡的惨烈教训里面总结出来的，汉初这叫反弹。秦始皇"焚书坑儒"，"坑儒"是有数的，坑了四百多个，但"焚书"却是制度性的焚。以吏为师，让老百姓头脑变简单、变愚蠢，你说什么就是什么，还特别高兴，这都是商鞅、韩非、李斯的发明。"偶语诗书者斩"，像我背个"关关雎鸠"，你们一举报就会把我杀了。他以为这一套就能够拿下所有人，一开始果然拿下了。但是，时间是个重要的参数，什么东西一放到时间里，一切就大变了。

中国哲学区别于西方所有哲学的一个根本特点，就是中国哲学里面始终以时间的"时"为基本当量，什么都放在时间里去看。

《周易》为什么是儒释道三教供奉的经典，就是因为它能"通"。对于这点，王阳明解释得特别好，什么是"易"？他说："易也，志吾心之阴阳消息者也。""易者，

真功夫，大智慧：四书精讲

吾心之阴阳动静也；动静不失其时，易在我矣。"你的心的阴阳动静，它动静得"时"，"易"在我手，就是说"动"得正好，在那个时间节点上，"易"就在你手里了。该慢的时候你快，该快的时候你慢，这是不得其道。所以，《中庸》中的"中"，叫"时中"，就是在动态当中的，四面八方的一个正好。这很刁钻的，是很难的一种东西。

《大学》是个普及率极高的教材。举个最典型的例子，西南联大有个著名的教授叫罗庸，罗庸的水平是相当相当高的，比当时的俞平伯、朱自清这些人都高，他跟闻一多相当。说他小时候身体不好，所以他爹让他读开蒙读物，让他读《濒湖脉学》、"三千百"、《大学》、《中庸》这些书籍。下一句他说，"我直到九岁，才开始读《论语》"，叹为观止，到九岁才读《论语》他觉得对不起全人类，觉得特别特别晚。

我快六十九岁了，你们十九、二十九岁的青年人，读《论语》吗？当然，我在四十九岁的时候读过，但那已经和罗庸的时代不是一个读法了。我四十九岁读《论语》，用现代话讲就是"啖饭之道"，是混饭吃的，罗庸九岁读《论语》是安身立命的。《大学》《中庸》这些因为四五岁全读完了的，所以叫开蒙读物。

我爸上过两年私塾，经常在嘴里念叨，"大学之道，在明明德，在亲民，在止于至善"，唬得我一愣一愣的。新文化运动的"新"是白话文要打倒文言文，目的是启蒙。启蒙是很神圣的。鲁迅说，繁难的象形文字使广大工农阶级、劳工阶级没有学习它的机会，所以推广白话文后能让大众都有机会接触文化。但是，再激进一点，钱玄同说应该把汉字废了，所以郭沫若纪念鲁迅，说他"平生功业尤拉化，旷代文章数阿Q"。

永远保持一种光明坦荡的心境

我为什么说《大学》是论文体？看原文："大学之道，在明明德，在亲民，在止于至善。"然后"古之欲明明德于天下者，先治其国。欲治其国者，先齐其家。欲齐其家者，先修其身"，再"物格而后知至，知至而后意诚，意诚而后心正，心正而后身修，身修而后家齐，家齐而后国治，国治而后天下平……"

再往后看，"所谓诚其意者，毋自欺也。如恶恶臭，如好好色，此之谓自谦。故君子必慎其独也"。

再往下看，"所谓修身在正其心者……所谓齐其家在修其身者……所谓治国必先齐其家者……所谓平天下在治其国者……"。

在论说文里，这叫列举法，就是先提出观点，再往下列证据。这是根据它的逻辑来行文的，修身、齐家、治国、平天下，在古代简称"修齐治平"。要从外延上概括儒家学说，就这四个字——"修、齐、治、平"。

每一段的"所谓"都是经文，都是正文的原文。那句话画了句号以后，后面的《康诰》曰、《诗》曰、孔子曰，都叫"传"，是用来给这句话做注脚的。所谓的"经"是经文本身，所谓的"传"是著的一种。"圣经贤传"，圣作经，贤作传。"传"是传著疏笺，包括再往后的校释，这些都属于中国的学问。比如《春秋》是"经"，后有《公羊传》，是公羊高父子解释《春秋》作的"传"。所以"传"是一种解释学，"经"是真理，"传"是解释。

我们再回过头来看"经"的第一段，第一段的要点在哪里？就在"诚意"。用王阳明的话说，"诚意"是原点，把原点抓住了，根本不用说许多"修、齐、治、平"的闲话。修身、齐家、治国、平天下，都是闲话，只要把"诚意"做足了，剩下的都是顺流而下的事情。

"所谓诚其意者，毋自欺也。""诚意"有一个标准，什么叫诚意不诚意呢？不要指望着别人去判断，别人觉得你实诚，这不能作为哲学论断。哲学论断在逻辑上必须"一"，不能"二"。逻辑上这个"二"就是多，多就是不确定，不确定就等于没有下定义，这是逻辑学的一个通则。所谓的"诚意"就是不要自欺。放宽了说，你可以欺人，但是如果这个人坏透了，连自己都欺骗，就没底

真功夫，大智慧：四书精讲

线了。

　　谁都有"骗人"的时候，比如，患者病重没救了，医生却说，你充满信心就能战胜病魔，这不是"骗"吗？诸如此类的，一进入伦理学就说不清楚了。但是，要害在哪里？叫"毋自欺"，不要自己骗自己，有些人骗别人骗成习惯了，自己当真了，真把自己当成什么人了。

　　《梅兰芳》里面有一段，十三燕和梅兰芳打赌，十三燕真以为自己天下无敌，想趁机赢一把，但最终却输了。所以，这就是他的"惯性思维"造成的，"惯性思维"在心理学上叫"思维定势"，有时候人是自己思维定势的奴隶。

　　什么叫"不自欺"？就好像你闻见臭味以后马上就捂鼻子，看见好看的东西还想再多看一眼，"如恶恶臭，如好好色"，这就是我们常说的神圣的直觉。柏格森他们把直觉说成宇宙之流，日月造化，那是从人类的角度说的。

　　人类的直觉差不多就是这样，不以谁的意志为转移。宇宙有还不为人知的法则，它按照自己的法则，浩浩荡荡，像长江黄河一样，该在哪儿决堤就在哪儿决，该在哪儿断就在哪儿断。

　　就每一个个体而言，所谓的直觉就是第一反应和现场感。好朋友之间相处不过脑子，直觉砰一下出来了，因为

"诚"到了，所以很多话直接说出来了，那叫"直给"。

如果是陌生人就得掂量他的话什么意思，这就不叫直觉，这叫"算计"，叫"算法"。写《人类简史》《未来简史》的作者认为人性的本质是算法。经济学家假定人是理性的，所以设定了那么多经济学法则，其实这个说法是站不住脚的。人可能百分之二十是理性的，百分之八十是非理性的。

再往好里说，人类为什么有那么多莫名其妙、不可思议的非理性？有时候性格决定我们的命运，任性成了我们的理性。这中间加了什么？加了规定，加了要求。在理性和非理性中间有个巨大的层块。这个层块是理性的，还是非理性的？阿伦特说艾希曼（奥斯维辛集中营负责执行的纳粹军官）是"平庸的恶"，这个人看上去就跟隔壁的理发匠、超市的售货员一样，他为什么能作出这么大的恶？

阿伦特说，艾希曼本身没有才华，什么都没有，所以他是无脑执行规定的"恶"，是"平庸的恶"。后来有一个很有才华的政治学家以赛亚·柏林说阿伦特说错了，那根本不是"平庸的恶"，这里面有政治学的东西，有规定和反规定的东西。但总而言之，艾希曼们都失去了直觉，失去了《坛经》里面说的"直心"。

"直心是道场"，直心就是"如恶恶臭，如好好色"。这档次很低，这档次是本能的档次，闻见臭的捂鼻子，看见鲜花多看两眼，这出自本能。但是，这种本能往往会被异化得比本能还邪恶，人永远变不成狗，但有时候比狗还狗，这是非常可怕的。所以为什么讲复"性"？因为这比本能还低了，"克己复礼为仁"，恢复人的本性，儒家所有的活动都是往人性上恢复。往哪儿恢复呢？"如好好色，如恶恶臭"，回到人的味道上来，你就是个人了。

"如恶恶臭，如好好色，此之谓自谦"，这个写的是"谦虚"的"谦"。其实，这个字应该是一个竖心旁加一个"兼"（慊），这个慊字有多种读音，可以读成"qiàn"，也可以读成"qiè"。这个"慊"是什么意思？就是自足、自快，跟"不自欺"是一个意思。所以，"圣人之道，吾性自足"，我自得、自知，没有标准答案。天不知地不知，只有我知，这时候"君子必慎其独也"。我们不要因此放纵本能，要彻底、全方位地关照。所以，"君子必慎其独也"，"慎独"是"诚意"的功夫。

你们都知道"顾黄王"（顾炎武、黄宗羲、王夫之），黄宗羲的直接老师是刘宗周，刘宗周一开始就强调"诚意"，他见"王学"后徒泛滥天下，都是做不到这个，说看到的大部分人是在忽悠别人、骗吃骗喝，所以刘宗周就讲究"诚意"。讲究"诚意"后，又觉得空泛，他又讲"慎独"，自己审察自己，像个铁面无私的法官，对自己严格地加以审察。

黄绾最后给王阳明作记，相当于学生给老师写纪念文。人都说王阳明这不好那不好，他说王阳明是一个多么自我苛责的人，自己批判自己。别人都不知道的事情，他自己在这里批判自己，他把自己的毛病克服以后，才拿出来跟学生当例子讲，举了好多例子，这是很伟大的。这就看你的志气，这句话它就是论点。所谓的"经"就是论点，甚至这句话前面那两句"大畏民志，此谓知本"也是论点。

这是延续了周朝的国策。周朝的国策叫"敬天保民"，孔夫子说自己"述而不作"，自己不搞创作，就是不能作义。所以说，孔夫子的定位很清楚，我是个卖豆腐的，我是个打酱油的，我不配创什么新，非圣人不制礼作乐。不是圣人创什么新？所以孔子"述而不作"，孔子把周公这一套唤了回来。

正心修身，身教胜于言教

君子时刻都要保持一种学习的心态，每一分钟都在学习，君子的状态是学生状态，是谦虚的，是"有坑"的，"有坑"水就往这儿流。君子每天都是黯淡的，没有高光时刻，都是谦抑的时刻，等到最后才大放光芒。

君子的对立面是小人，小人的特点是每天都自我感觉良好，自我炫耀、自以为是，每天都是高光时刻，等到最后的检验时刻，一下就完了。所以人无论学什么，都一定要保持一个"学习态"。美人之美，美在"态"，就是这个"态"。

所谓"欲修其身者，先正其心"，从论证的角度讲这叫列举，从推论的角度讲，这叫"同心圆放大"。"正心"的核心是什么？"正心"的核心是"修身"，"修身"不是说把身体保养得像运动员似的，那是修皮囊，皮囊是假的，身心感受才是真的。我们前面说过，道家的贡献是养身。过去宋孝宗有个名言，"用佛教治心，用道教治身，用儒教治国"。分工很好，佛教让你的心安定下来，无作智；用道教那套养身，练习呼吸、吐纳让四肢百骸得到滋养；用儒家的理念治理国家。

今天的"秋分"意味着什么？秋的开始是肃杀，这是《吕氏春秋》的总结。古装电视剧、电影里常有的桥段是"秋后问斩"，斩监候一般安排在秋天杀人，这叫合乎天道。秋天，叶该落了，花该败了，人也开始往下衰了，这个时候杀人不作孽。春天草正在生芽，这个时候杀人，是"倒行逆施"。

中国艺术的微妙之处特别有趣，古代有的人被判了死刑，家里人给他想办法。在太平时期，掌握生杀的权力在皇帝，皇帝案上有一摞需要打钩的名单，他今天高兴了，坐这儿勾二十个，明天勾十个，后天不耐烦就不勾了。这家人就买通一个小太监，这个小太监是给皇帝端茶倒水、码这一摞纸的人，他每天都把有这家人名字的资料放到底下来。等第二天又快轮到这家人，再把他换到底下来，就这样耗着，直到太子结婚，太后驾崩，赶上一个天下大赦的机会，这个人就被放出来了，这叫"艺术"，叫"阴阳动静得其时，则易在我手"。

小太监是宫里地位最低的一个，负责沏茶、倒夜壶、研墨什么的，但是能够把那个人的命保下来。所以，走后门得走对了。走后门走宰相，把万顷良田贿赂给宰相，宰相也不会去跟皇上说"你把某个人放了"这句话。他怕皇上对他有看法，凭什么说放他，你拿他多少好处？

"正心"是什么意思？"正心"是要把我刚才讲的那一套全部屏蔽，全部删除，保持一个天真的状态，像雷锋叔叔一样，每天活在为人民服务的无限热情当中。一个人的生命是有限的，为人民服务的事业却是无限的，当我们把有限的生命投入到无限的洪流当中以后，我们也就无限了。不是说要克服死亡恐惧吗？进入到这个无限的洪流当中，不是都"不死"了吗？这就是儒家提供的一种价值。

什么是"寿"？老子说"死而不亡者寿"，虽然死了还活在我们心中，这叫永垂不朽。"正心"正什么？"正"好好学习，天天向上的心，不要有过分的念想。"身有所忿懥，则不得其正。"不高兴了、心中有所怨恨了叫"过"，有所恐惧了叫"不及"，合起来叫"过犹不及"，都失了"正"。

儒家是要培养人的理性，人在愤怒时，过激的情绪只有几秒，这几秒内什么话都能说出来，什么事都能做出来，甚至手里有一把刀都能把人给杀了。但过了这几秒，情绪缓过来，就不会再有过激的行为。所以这个理性就是让人把那几秒克服掉，这样你就容易得"正"。

"有所好乐，则不得其正；有所忧患，则不得其正。"屈原为什么跳江？大概率就是因为忧忿太过，不得其正。

王阳明说他的学生冀元亨"忧世太切"，他之所以被诬陷入狱，是量其矣也。这时王阳明说了一句奴才理性的话，"冀元亨忧世太切"，太关心现实了，所以就该被诬陷，忧世太切就像屈原似的，在找死的路上，这是不对的。但是天天拍马屁，天天有所好乐，有所追逐，这也是不对的，在儒家看来人就应该保持中正和平。

王阳明讲学，大夏天的，南方又热，王阳明就拿扇子扇。王阳明拿起扇子还给学生扇，学生说，老师在，我怎么敢拿扇子呼扇。王阳明说，圣学是活泼泼的，你们不要把自己弄成道学的模样。道学就是鲁迅笔下的"鲁老爷"，他就是道学模样，永远迈着四方步，见了凡人不说话，高自标置，装模作样。现在有些人也特别装，装得像个专家似的。但真正的圣学是身心之学、性命之学，它是活泼泼的。

那么热还不敢扇扇子，这不是道学吗？道学的这种"装"，叫"乡愿"，是德之贼也，这才是最害正心的。

好乐、忧忿都没什么大问题。不过忧忿这一派其实是狷派，好乐这一派是狂派。狂者是有所追求的，像革命烈士、志士，为了新中国的前进，甘愿牺牲个人生命。

现在每当看见电视上那些小鲜肉们大讲吃喝玩乐的时候，我就在想"和平演变"的计划部分实现了。所以，你看我平时不激进，但是这一刻我是激进的，我是相信一定要反对帝国主义"和平演变"阴谋的。北大有个教授李零很有水平，他是一个非常有思想的人，古往今来，兴亡看透，但是他常爱说一句话，"烈士的鲜血不能白流，江姐的鲜血不能白流，赵一曼的鲜血也不能白流"。这个时候，他成了红色基因的传承人了，这也是理性和感性的区别。

故谚有之曰，"人莫知其子之恶，莫知其苗之硕"。这两句话是什么意思呢？就是孩子是自己的好，庄稼是人家的好，这是老百姓常有的心理。你看这显然是"传记"，这讲的是什么道理呢？这讲的道理叫"身教"，身教大于言教，"齐家"靠的是身教。修身和齐家的关系，就在于身教大于言教。

"所谓治国必先齐家者"，这句话的逻辑是家都没有齐好，能出来把国家管好吗？当然是不可能的。之前我就讲"家"指的是世家、贵族家。比如说，把周公旦的后代分到鲁，把姜子牙的后代分到齐，鲁国就是周公那一套做派，齐国就是姜子牙那套做派。在中国，我们常说的那个并称，齐鲁、吴越，还有秦晋，这是"地缘政治"。最早有"秦晋之好"，春秋时期，两国世代联姻，但是打大仗、打死仗的还是秦国和晋国。这叫秦晋之好？这叫张力。

美国在1943年就开始考察中国，我投这边的票，我就是共和党，我投那边的票，我就是民主党，美国认为党派不影响国家利益，说国民党和共产党，也不影响国家利益，国共一块抗日这不挺好？谁更有希望，美国就投谁。其中的两个观察员是一对夫妇，那对夫妇在1944年的时候就说，未来中国必然是共产党的。不信你到延安和重庆去看看，他们就这样推测，这是直觉。

你从大数据上看不出来，在大数据上，那时候国共两党还是没法比，但这对夫妇给美国写了好多报告，建议美国扶持共产党。《马歇尔计划》是第二次世界大战结束后，美国对被战争破坏的西欧各国进行经济援助、协助重建的计划，这个计划对欧洲国家的发展和世界政治格局产生了深远的影响。本来那个钱要给中国的，但是因为国民党是个太过腐败的政党，最后那个钱给了谁呢？给了西德，这就是西德战后迅速崛起，拆柏林墙的时候，西德和东德的差别是天壤之别的原因。那钱就是启动资金，大伙都打得剩下一口气了，那个时候，有一碗米汤就能缓命的时候，钱给谁，谁就先活过来。所以，《马歇尔计划》把那钱给了西德，也没给蒋介石多少，这叫历史。

中国的真诚美学

儒家的这些东西都是"身教"。你以身教教你的孩子，就能在家里面树立好一种家风，"忠厚传家久，诗书继世长"。

你能把家管好，让你当国家的宰相，你就能把国治好，就是鲁国和齐国这种国。"平天下"就是秦始皇后来做的事情，把大中华统一起来，那叫"天下"。你能治国了，就能平天下。《大学》的逻辑是什么？"修、齐、治、平"。"平"是末，"齐家治国"这么大的事怎么是末呢？这就是中国逻辑，是中国的真诚美学。

鲁迅讲革命文学，"我以为首先要做一个革命人"。什么逻辑？"从水管里流出来的是水，从血管里流出来的是血"，你只有是个革命人，你才能写革命文学。一个纯善之人要是坐到秦始皇那个位置，可能还会帮助二嫂抱孩子，帮着农民干活，他用这种心肠来治理国家就不会大加杀伐。秦始皇的税收高得惊人，在民间，税就是抽水机，把这水管子摁下去，一提就把水都提上来了。

国民党也是税多，电影《红旗谱》里为什么管"造反"叫作"割头捐"？杀个猪也得交一块钱，只要你动秤就得交钱。京剧《杜鹃山》里要枪毙柯湘，柯湘就问刽子手，现在是哪一年？回答是1938年，但收税已经收到1948年了。不但重税，而且收过头税，从1938年都收到1948年了，怎么不失去民心？

身教大于言教，做事情以行代知，做到了做出来才算。斯大林讲，如果语言能创造财富的话，世界上夸夸其谈的人就是最富有的。当时，我觉得这是真理，现在，觉得这是局部真理。现在夸夸其谈的人多了，微商、网络营销，不全是靠夸夸其谈？这里面讲了一个逻辑，齐家、治国、平天下，这里面的逻辑就是"孝"。

《论语》里有"其为人也孝悌，而好犯上作乱者，鲜矣"。一个人在家里对父母很孝，对哥哥很敬，叫他去杀人放火大概率是不可能的。儒家的这种忠孝观是家国一体的。

中国式的这种制度结构，"所谓平天下在治其国者"就是儒家的大同理想。"老吾老，以及人之老；幼吾幼，以及人之幼"，这要求的是什么？要求皇帝从"我"做起，从现在做起，这是儒家以德治国的宣言。《大学》是儒家以德治国的宣言，只要"德"够了，德位相配，则天下太平，德位不相配，据儒家说，在位的要倒霉。据我观察，是老百姓倒霉。以德治国的逻辑是什么？是这里有了圆，有了方，就可以拿"这个圆和方"去规范天下了。

现在出土的文献《道德经》，"德经在前，道经在后"。有了"德"，你才能得"道"；没有"德"，得不了"道"，这也是一种文化坚持，儒家要不灭不绝地坚持。"眼看他起高楼，眼看他楼塌了"，那种德不配位的，祸国殃民的，倒行逆施的独夫民贼，是没有好下场的。还真是，没有好下场的能找出一大片来。这在什么时候都是一样的，周朝的时候，有好几位王特别过分，比如搞"腹诽"的那个，你没骂出嘴来，你肚子里骂我，也要把你处罚了。这些特别过分的王，最后的下场是都被老百姓流放了。

这是古人逻辑的奥妙，你是天子，你受命于天，那你就要接受上天的指令，既可以让你坐在这个位，也可以让你下来，这就是"天人感应"，也是大的政治上的框架性协议。

《大学》里最有技术含量的观点是，要有"本末"、有"先后"，这是超越说教性的观点。一个技术原理是你要知本，知末。"本"是什么？从管理上讲，"大畏民志"叫"本"，这是孟子的逻辑。老百姓都说这个官是好官，他的上级也不能免他。朱元璋一开始实行过这个政策，如果朱元璋要把某个县官免了，老百姓跪在马路上为他求情，那么这个县官就可以接着当。这种人治不会久远，很快就变了味，荒唐了。

北魏有个皇帝叫宇文泰，他把儒家的话当真，建立了一个制度，让各地的老百姓检举揭发当地官员的不法行为，结果第一批去检举揭发的都是些地痞流氓，他们告的官都是好官。所以，宇文泰要是顺了"民意"，最后会把那些好官给处理了。陈寅恪说，真正按照周礼来治国的有四个人，最受好评的是宇文泰，剩下的都成了笑话。所以说，这是一个配置问题，单拿儒家思想治国也会塌。单拿法家思想治国，会"骤起骤灭"，像秦朝的秦始皇。

"拈花一笑"，佛祖拿来花，迦叶扑哧一笑，就成了接班人了。这叫"心心相印"。这也是给心学一个挑战，心学认为"正心""诚意"了，"德"就立下了，"德立"了，在家能管好家，在国能治好国，在天下能管好天下。从数学逻辑上讲，这个算式是成立的，但等到了真实的历史泥潭里时，血雨腥风，刀光剑影，这些东西有用的时候很少。

再来说回"本末"，就每个生命个体来说，哪个是"本"？身为"本"。身为"本"是什么意思呢？这不是指

真功夫，大智慧：四书精讲

皮囊，而是包括眼、耳、鼻、舌、身、意，要害在于"心"，说身是本的时候，必然要说"诚意为本"。《中庸》大讲"诚"。这个"诚"，你们听了一点兴趣都没有了。为什么？因为你们从小在一个不诚的生态里面长大，听了这个"诚"，觉得是个笑话。

你看《铜皮铁骨方世玉》那部电影里的方世玉，当官的想表彰他，说方世玉是为了政府，方世玉说不是，"我是怕你们把这个世道给坏了"。这世道包含一点官，也包含一点民，这就是为什么叫"世道人心"。但也不全是官，不全是民，它合成了这么一个东西，只有中国的语言能知道它的意思。心学就是过来挽救人心的，通过人心来保住这个世道。人心和世道保住了，你姓朱、姓刘、姓李、姓爱新觉罗都无所谓。这世道人心叫作天下，这是儒家的天下观。

修己利人，破小我成大我

儒家的启蒙经典总结起来第一条是，《大学》是教你成为"大人"，《大学》不是教你成为"小人"的。什么是"大人"呢？"体其大者为大人，体其小者为小人"。眼、耳、鼻、舌、身、意、心，心是最大的，心支配眼、耳、鼻、舌。什么是"小人"呢？心跟着眼睛走，跟着耳朵走，跟着嘴巴走，跟着舌头走，就成了"小人"。

1944年，美国在华的观察家说，你看看国民党，再看共产党，看看重庆，再看看延安，两方是什么模样，就能够判断未来中国是谁的，这也是儒家的逻辑。

"自视甚高，自待甚浅"，我对这两句话深有感触，自以为很了不起，自以为怎么样，其实说白了是志气小，没志气，并不想学习成才，一点想有出息的决心和意志都没有，所以利用每一分钟来表达自己。

我最早带研究生是在1994年，那年夏天石家庄特别热，知了叫得很烦躁。一个学生跟我说，老师，它们只有七天的寿命，就让它们唱吧，叫它们尽情地唱，唱完了就完了。"西陆蝉声唱，南冠客思深"，想想它们只有那七天的寿命，所以抓紧唱，唱完以后，来源于尘土，又回归尘土。如果在别的季节，听一声蝉叫，就等于听见诗歌了。什么是诗歌？是"蝉鸣曲更幽"，深山小径里面蝉一叫，显得这个地方更幽静了，打破寂静的声音就是诗。都在讨论物价，一个人突然跟你谈论灵魂，那句话就是诗。打破惯性的就是诗，你还在旧的频道上，说半天那都不叫诗，叫闲谈。

海德格尔在其伟大著作《存在与时间》里讲到，人的沉沦有三大渠道，其中一个就是闲谈。顾炎武也说过，"自小是小"，自己看不起自己，这个是"小"。自大也是一种小，你的自我感觉良好，其实骨子里透了一种贱气和自卑，吹嘘是自卑的缘故，就是这个道理。一个民族迟早会被那些贫嘴薄舌的人口拖垮。有人说，我们的文化叫口腔文化，还没有脱离口腔期，我们的快感还在口腔，"吃亏是福""吃不了兜着走"，常用这个"吃"字作为衡量器。

"世道人心"这个要害，是不知道从哪儿来的一种力量，并且这种力量不是空穴来风，但是谁对此事负责呢？

没有一个人对此事负责，但这就是活生生的事实。儒家比较浪漫，鼓励从"心"开始拯救，让你的心大起来。佛教有个词叫"大心凡夫"，我们普通人成不了佛，但是也要当一个"大心凡夫"。

王阳明认为，人来世上一趟不容易，别整天像鸡似的埋头吃一天，况且在地上也吃不着好东西。我们的军队能打败任何军队就是靠我们战士不怕死的精神和特别好的执行力，这是用毛泽东思想逐年累月武装而成的，不是一天就能成的。兵法的要害在治兵，兵治好了才能用兵。好的执行力是关键，而执行力的高效实现，就要靠心的力量和精神的力量。

"大学之道"是让人成为"大人"的，为什么让你成为"大人"呢？有人说今天的有些教育是失败的，为什么呢？因为人格教育这一块不达标。人格是本，这个东西不过硬，不过关，其他的都作用不大。哈佛大学不管任何学科，前两年都不学专业知识，整个都是大通识教育，都是按照学生的兴趣来的，这其实就是为了建立这个"本"。当然中国这个"本"对道德予以了过分的依赖和重视，这是畸重，畸轻畸重都不得其正。

《大学》的最后一段论述叫"义利之辨"。《春秋繁露》里面讲，儒家的纲领是"计其义，不谋其利"。1986年，历史学者萧功秦出版了一本书，叫《儒家文化的困境》，萧功秦儒学研究得很好，这书也写得很有水平。他认为，儒家的困境是儒家自身的问题，"计其义，不谋其利"，这句话里，把"不"改成"而"，一字之变就成了"计其义，而谋其利"。"计义谋利"，这不就没事了，这还挺好，有一种可爱的天真在里面。

《大学》里面说君子"以义为利"，小人"见利忘义"，小人有一个永恒的标志就是见利忘义。决定人与非人的标志是什么？是"义"，而不是"利"。这是中国道德理想主义的一个规则，或潜意识。这是一个语境，有不证自明、不言而喻的含义。当然了，事实上这个"利"是唯物主义的，唯物主义是最有力量的，它就扎在这个"利"上。但在《大学》里，"计义谋利"那是不可以的，《大学》里面一定要讲"以义为利"。君子言义不言利，所以中国君子后来成了摆设了，成为一个艺术品放在那里，让他捉耗子什么都捉不住，他没爪子，就变成了一个观赏品。

身是"本"，修、齐、治、平是"末"。"诚意"为先，修、齐、治、平是"格物"。意诚了，然后再去"修身、齐家、治国、平天下"，意要不诚，修身也会把身修歪，家也会破碎，国也会治塌了，天下也变成一个率兽食人的禽兽世界。这是什么？这叫起点决定论，"不要输在起跑线上"这句话是有道理的，但肯定不是我们大部分家长理解的那么回事。现在的孩子们在起跑线上都没输，结果最后却输了。

"修身"的学问特别大。梁启超说儒家文化用四个字来概括就是"修己安人"。修己，"诚意"是起点，有了"诚意"以后，才能去"正心"。《大学》里没提到，但这是儒家的一个奥妙。修的是个人的感觉，要求感觉对。有个演员要去演赵一曼，导演对那个演员道："你演赵一曼也会把赵一曼演歪了。"因为这个演员的作风不好，这里面的逻辑是，你是什么样，你演出来的角色必然带着你的痕迹。

一个外国留学生到中国来学京戏，逢人就拜师请教。这个留学生酷爱中国文化，修到了博士学位，但是，他最后还是不知道哪儿不对。他虔诚吗？他虔诚。但是，京戏就差那一小点东西，他理解不了。那个东西叫什么？就叫文化。知识都具备，他的汉文化知识恐怕比中国同程度的学生一点都不差，但是他那股劲出不来，那股劲叫什么？就是感觉的养育。这感觉的养育就是"慎独"，夜深人静的时候，自己审判自己，碰见问题的时候，保持"诚意"和"正心"，关键是念头一起，如果是善的、好的，你就努力坚持。

一个佛学师父讲，起一个善念就是给自己一个机会，这句话说得特别好。你起个恶念，可能先是损人，最后的结果也不利己。我们现在不许做培训，但是有私自补课的情况。如果一个家长请了一位老师教他的孩子，在这位老师的努力下这个孩子考上重点中学了，但家长却反过来举报这个老师私自补课，最后老师到她家里把所有的培训费都如数退还了。

试想，如果这个孩子上了高中以后，是不是所有知道情况的老师和同学都会对这孩子保持谨慎的距离。这时候如果这个家长害怕了，再去找老师，老师就什么也不敢说了，怕一说又被举报了。他们终于把刺刀放在自己屁股底下了，刺刀能够干任何事情，但你不能坐在刺刀上。这种情况不是她自己要坐在刺刀上，是中国人讲的"因果"，让他坐在了刺刀上。

西方人讲因素，东方人讲因果。佛教传到中国后，因果报应是接受度最高的。佛教讲无作智，不干就是少犯错。不作，在中国人这里被当耳旁风，没有一个不作的。自视甚高的人自待甚浅，如果他自待深的话就不会自视那么高，把自己的根拔了。说根本，根本的这个"本"就是

"根"的意思,"根"是"能生"的意思。

以前咱中国传媒大学有个制片人管理班出来的毕业生,在某电视台当制片主任,他们在国内走到哪儿都特厉害,在中国横行无阻惯了,证件各方面都没准备全,就到美国去采访基辛格,下了飞机以后,结果因证件不全,被遣返回来了。美国机场的这些工作人员只认证件,不管你是不是去见国务卿的。这是人的一个特点,用自己的经验来规划未来,这个制片主任的经验是只要一说是某电视台的,走到哪都有方便。所以他们以为到了美国,采访基辛格也能行个方便呢。

每个人都活在"我以为"里面,但是最受捉弄的,就是这个"我以为"。为什么要做"大人之学"?学大人就是突破小我,"破我成人"。破除一份小我,才能成就一份大我。这里的"破我"不包含灭杀个性,没有个性的人是不会破我的,有志气的人才有决心破我,没有志气的人他自我感觉太好了。"大人之学"的奥秘应该在于突破小我,成就大我。这个过程的要害在于"诚意"。"诚意"就是"毋自欺也",不要骗自己。不骗自己,这话说来也很苍白,但是特关键。

"良知"是"知是知非"。对这个说法,我一直不满足,"知是知非"不算数,还不够,天下岂有是非二字可以抽象得完的？后来，我就求知过深，没有平常心。是就是正确，非就是错误。你是选择正确的，还是选择错误的，选择大于努力，你选择对了，就一了百当，你选择错了，再努力也没用。当我们用正确和错误来翻译是非的时候，我觉得也就够了。"良知"就是知道什么是正确的，什么是错误的。

《坛经》里面讲"三十六对法"，这个"对"是初级的。要活在"对"中，还要忘了这个"对"，无招胜有招是中国文化的精髓，要不怎么说留学生学不透呢？我最早给留学生上汉语课，有个词叫"开夜车"。外国学生的理解就是晚上开车，晚上开车没问题吧？字面上没有问题，但是它的含义，不用上大学的人都知道，开夜车不是晚上开车的意思。所以，为什么语言是我们的边界呢？这是一种问题，通过语言，也能使我们变成大人。

《中庸》

贰

"中庸"是一种生命风格

"中",是"对";"庸",是"持续"。一个人做一件对的事并不难,难的是一辈子做对事。做对事,需要仁、智、勇;检验对错的标准是仁、义、礼;让标准上身导心的是"诚"。"诚",是天道;"诚之",是人道。"道",是通达,不诚不足以为道。"道",需要修,修道的是"教",教什么? 从诚身(慎独)做起,在家"亲亲",在团队"尊尊",不断地去扩充自己的同情和移情,从而充分实现上天赋予你的本性。

感情是信念的基础,头脑与心灵不可分离,一旦分离,头脑(思想)会枯竭,心灵(感情)会迷失方向。智的心(头脑与心灵合一)以同心圆扩充,由自己扩散开去,从家到国,最后到整个人类。扩大的过程配合着深化的过程:自我是各种社会角色的总和,当移情增加的时候内在生命愈发丰富,从而能知己之性、人之性、物之性,从而成己之性、人之性、物之性，臻达万物一体之仁。

这是《中庸》的主题思想和基本逻辑。

辜鸿铭说孔子对中国文明所做的巨大贡献就是从礼崩乐坏的战火中抢救出了规划中国未来的"设计图纸"：五经，而且他还通过这些重建的"设计图纸"，为社会和文明秩序作了一个新的结构和解释，影响了中国人两千多年。

我们这里要说的是：图纸的顶层设计就是《中庸》。《中庸》不仅与儒家所有的经典相互贯通，而且也与道教（据钱穆）、佛教（据李石岑）的经典相互贯通，甚至与西方亚里士多德的"黄金中道"（Golden mean，据《尼各马可伦理学》）可资比较。这个图纸没有错，其顶层设计尤其没有错，施工出了问题是施工的问题。这个图纸到了互联网时代更显得高明。

中庸是种生命风格——不能为了点亮我的灯拔了你的蜡烛，它没有排他性，也几乎没有竞争性，因为它主张"万物并育而不相害，道并行而不相悖"；坚决反对把政治作为利益分割的战场，"政"之五达道是"五伦"（社会生活的五种经纬，家庭关系占了三个），"九经"的第一经是修身（身是生命风格，内靠德性、外靠礼仪），要求像种树一样执政，"政"要开通天命、性、道、教的通路，要让每个人都有道德进步的动力、轨道和空间，要保证体制与良知一致。执政的人要想"治"人，必须"知人""知天"，必须"己所不欲勿施于人"。作为"设计图纸"，这种理念比康德的"永久和平论"有可操作性，它要求统治阶级和被统治阶级都要遵守五达道、九经，双方都要守分，都不能过分。

中庸政治学的高明犹如都江堰，是灌溉与堤防一体化的水利工程，其生态理念将永放光芒。

中庸为人道立极，开启了生命实现自身最高价值的可能性，围绕着下至愚夫愚妇上至君子圣人的终极关怀编制了同心圆扩大式的生活方式、生存方式。《中庸》用中庸思维演绎中庸之道，心灵从"未发"中修炼，头脑从"发而中节"中训练，修炼"中"靠"仁"（亲亲），修炼"和"靠"礼""义"，西方发生过大规模的宗教战争，其根源在心灵与头脑不能融合、无法消弭利益分割的势能，中国没有过宗教战争，那些混战的军阀反证了中庸之道的高明——他们违背了中庸之道那"和平的艺术"。

《中庸》修道立教的文化哲学是有体有用的哲学，既培训"司机"，也生产"汽车"，还设计"道路"。培训"司机"以修身为主；生命取向要高（做知天命的圣人），生命体验要深（戒惧慎独），生命能量要强（君子之强）；

生产"汽车"以知物性、尽物性、按着物性的规律让物的性能最大化为原则；设计的"道路"就是"五达道""九经"，关键还配置着"天命-性-道-教"的"导航系统"。

中庸的高明在其精神结构，中庸的力量也在其精神结构。中庸之德是人间妙道：己欲立而立人、己欲达而达人。中庸之法是"执两用中"、时时处处恰到好处。中庸是反乡愿的，却被当成乡愿挨了无数的骂。细读鲁迅等大师批判中庸的文字不难发现：其实他并没有批判中庸本身，他批判的是无耻政客、二丑文人。由此也可见中庸是高明的人生哲学，因为"你可用刺刀做任何事，却不能坐在上面"。

学习传统文化的捷径就是将《中庸》理解通透，解读文字，只是一个引渡。汉语是诗性语言，语义取决于语境。最大的语境是时代，今天与创生《中庸》的时代比，发生了天翻地覆的变化，即使能够突破文字障碍，心境也很难对位了。

尽心尽性，做自己的英雄

天命之谓性，率性之谓道，修道之谓教。

道也者，不可须臾离也，可离非道也。是故君子戒慎乎其所不睹，恐惧乎其所不闻。莫见乎隐，莫显乎微，故君子慎其独也。（《中庸》第一章）

《中庸》被认为是儒家唯一一部有形而上学倾向的文章，这是因为一句话——"天命之谓性"。儒家是经验主义者，但是不像英国经验主义者那么冷酷，它是有道德温情的经验主义者。儒家说人以感为本，"感而遂通"。拿着"感"做功夫，有感触，有感觉，有感应，"感"里头最大的是"情"，从美学上讲，儒家有一个"情本体"的美学观，即以"情"为人生的最终实在、根本。视情感为本体，这也是中国哲学最为显著的特点。

何为"道"？

"性"，为什么说它是哲学级别的概念，因为它推动到了先天，这是上天赋予人和万物的基本功能。要承认"性"是先天的，那么就不要跟天抗衡，人就得沿着这条道走。这句话就是"率性之谓道"的意思，"率"有两个意思，一个是沿着、遵循着。要遵循着上天赋予人的本性来行走，就走你的限量版路程，这是"道"。

"率"还有另一个解释，叫"尽性"，就是把你的本质力量最大化。这是来自马克思的词，他还说"美是人的本质力量的对象化"，其实这是由美感产生的问题，是靠人的主体生产出来的，加了本质力量以后就哲学化了。人的本质是什么呢？马克思另外又说了，"人的本质是自由自觉的活动"。美是人的本质力量的对象化，人的本质是自由自觉的活动。

自由又可以分成很多，政治自由、财务自由、精神自由，其实儒家只管什么呢？只管精神自由。借这个话头说一句切实的，沿着上天赋予人的本性，积极地努力，使人的本质力量最大化，这叫"率性"，也叫"尽性"。

孟子的逻辑是，"尽心、尽性、知物、知天"（《孟子·尽心章句上》）。把你的心尽了，办不成也问心无愧，尽心就好。然后尽性，让自己的本质力量最大化，充分地把本事都使出来。

"尽心尽性"是为了"知物知天"，这是孟子的基本逻辑。儒学之所以能够战胜时间，战胜苦难，因为儒学始终强调心和物是一元的。人最有魅力的地方就是心物一体，心物一元。佛教对物持弃绝的态度，叫"绝物"；道教对待物的态度是"自然"而"无为"，就是没有人的主体作为，沿着自然，道法自然，这叫"循物"；农家或者商人，只为了钱而追逐物质，叫"逐物"。无论是"循物"，还是"逐物"，这都不好，都辜负了人之为人的本性。儒家就强调人一定要自己成全自己。所以，学儒学就看你在这方面怎么评价自己。

沿着你的本性，把你的力量最大化，这叫"率性之谓道"，这是所谓的"道"的内涵。能看出这个"道"也不是天生的，也不是先天的。当然，后来再分，有天道、人道，"诚"是天道，"诚之"是人道，但是这个"道"的含义就是路，它通了就是"道"，不通它就不是"道"。怎么走都没问题就叫"率性"，这个没问题是指别卖身投靠、降身辱志、见风使舵，如果如此，成功也是失败。

"修道之谓教"。"道"是可以修的，说明"道"也是以感为体，"感而遂通"是《周易》里的话。"道"本身是寂静的，"道"本身不说话，寂静无为，但是"道"又不是不作为的，它靠"感"，你一感就通了。感只能感"己"，感应自己内心的征兆，或者主客相交时瞬间的感应，这就是《周易》的原理——"道"是可以修的，没有现成的。不是说我是人，我就具备人道，不见得，人干畜生之事的多了。

"道"是可以修的，修"道"的叫作什么呢？就是我们说的"教"，教育的"教"，在中国，"教"主要是指教育、教化。说文解字讲"教"，它一边的组成部分是孝顺的"孝"，把"孝"的情怀变成一种普适的文化，这就是中国教育的核心。

"孝"是"亲亲为大"，为什么"忠孝"是中国儒家文化之本？儒家文化的"本"就是老百姓的推理，你对自己父母都不好，你能对我好吗？无非拍马屁为了骑马。有好多人对双亲生不养，死大葬。活着的时候不管，在外面挣钱，爹娘病了也不管，死了才回来，还要拿他死去的亲人挣钱。有求于他的，曾经求过他的，过来给他好多钱，因此他还获得了孝子的美名，名利双收。

这是以"孝"为国教的中国文化实际运行的生态。所以，儒家文化是个理想主义者，它在理想的状态是令人尊敬的，可落到现实里面就变了样。这不怪儒家，怪这些操纵、歪曲、利用儒家的各色人等。所以，我们要把一个主义和这个主义的实际运用区分开来，它的实际命运跟它有点关系，但不大。

比如，同样是儒家，五四的时候要打倒，抗战的时候又复兴。如今我们的中华文化复兴，让儒家又有了市场。真正的儒家是不管这些外在市场的，它是"修道之谓教"，一路只走修的路。

向上，向下，风云际会，儒家的命运尚且不确定，我们每一个人的命运更不确定。你是成英雄，成奴才，还是成圣贤，要靠你自己努力改造。

"道"，真的有那么重要吗？是的！"道不可须臾离也，可离非道也"，它对于人，就像水对于鱼、空气对于鸟一样，那是一刻也不能离开的！能离开的，就不再是道了。比如，我们只能拿嘴吃饭，不能拿耳朵吃饭，要是拿耳朵吃饭，这就离了"道"。就算你当了联合国秘书长，你也得拿嘴吃饭，这个是不可改变的。不可改变的东西，就叫作"道"。

"道"，真的有那么神奇吗？是的！它主宰和支配着世间一切事物的生死、荣枯和盛衰。哪怕在最隐蔽的地方，它的规律也会显现；哪怕是最细微的东西，它的规律也能从中显示。所以，君子即便是在一个人独处的时候，也非常慎重。不该看的不看，不该听的不听，真诚地面对自己的内心，这是为了守住中庸。

如何修"道"？

"可离非道也"，先把"道"放在这个位置，把"道"悬起来，是故，要"戒慎乎其所不睹，恐惧乎其所不闻"。虽然"道"看不见、摸不着，但是人要敬畏它。敬畏是一个好词，你要有害怕的东西，怕什么呢？怕那些看不见摸不着的东西。这是东方文化的一个特点，"戒慎恐惧"换成今天的词，就叫作"努力改造"。这是儒家文化的一个本质，这个本质有时候美若天仙，有时候丑若地痞。努力向上改造的就能成为圣人，那些圣贤、豪杰、英雄都是努力改造出来的。比如王阳明，不努力改造，他就是一个掏雀儿喂猫的淘气包。他努力改造了，就成了"三不朽"。

努力改造没错，但人不要改造成禽兽。人之所以异于禽兽者几希，人抓住这一点努力改造，人就是个两条腿的、站着的、有尊严的人。生命的标志在尊严，说的就是这个道理，让人永远有尊严，就是自尊其心往上走，这条路好用，中华民族几千年不败也靠的是这个。

　　　　　　　　　真功夫，大智慧：四书精讲

努力改造是"无善无恶"的，就跟宝剑一样，是杀人的也是活人的，看用在谁手里，又怎么用，这没有标准答案。"戒慎恐惧"是中华民族的家常便饭，它也能培养出乖孩子，但在霸凌乖孩子的时候也毫无办法。鲁迅讲，宽恕固然很好，有时候是对人有好处，但是也能包庇坏种。地球上没有放之四海而皆准的东西，标准答案是思想懒汉想要的东西。

我是绕来绕去想说"戒慎恐惧"，看不见的，听不见的，也要充满敬畏，这个是要害。壕堑战就是狙击手向看不见的地方开枪，创新改革都是向看不见的地方开枪，要对看不见的保持敬畏。为什么敬天、敬地、敬鬼神？人间法律对好多恶霸没办法，但是拿神鬼吓他，他也害怕，这叫神鬼（道）设教。干宝的《搜神记》在魏晋的时候，就拿这些看不见的作为教化社会的主要思想武器，这也是道教得以产生的一个根源。

最中国的智慧，是越平常越有用

　　喜怒哀乐之未发，谓之中；发而皆中节，谓之和。中也者，天下之大本也；和也者，天下之达道也。致中和，天地位焉，万物育焉。(《中庸》第一章)

中庸是什么意思？"中"是中正的意思，"庸"是持续的意思。中庸就是持续地用中。

常言道：无意之中是真意。世界上最高明的道德境界，就是达到中正平和的状态！世界上最高明的方法谋略，往往是越平常越有用！保守点说，中国智慧的最高代表非中庸莫属，中庸是中国智慧的密钥。

寻找动态中的恰好

"莫见乎隐，莫显乎微，故君子慎其独也。""莫"是

"无不"的意思，无不从隐微的地方达到充分的显现。"见"是"现"，出现的"现"，从萌芽到彻底出现，无不从微小的地方达到显赫。这时候怎么办？君子要抓住这个萌芽，"慎其独"，不好的意念刚一产生的时候就要把它消灭在摇篮里。打个不恰当的比喻，把孩子掐死在襁褓里是容易的，但等他长大了，五大三粗的，你过来掐他，他把你推倒了。

《教父》里的柯里昂，他妈妈领着那孩子，跟黑社会头子说，给他一条生路吧，黑社会头子回复，现在这个孩子不能把我怎么样，但是他长大了就会把我杀了。为什么要斩草除根？江湖上的那套东西也是这个逻辑。但是，儒家强调的是对思想观念的斩草除根，一个隐秘的念头，一个天不知，地不知，只有我头脑闪过的念头也不要放过。

"喜怒哀乐之未发，谓之中；发而皆中节，谓之和"，"喜怒哀乐"在心里还没有成型的时候是未发，那叫"中"。要想成为中庸的人，就得是一个"用中"的人，从哪儿找到这个"中"呢？前面说的都是找"中"的办法。

"慎独"是干什么的？就是要找未发的这个"中"。为什么老僧"入定"，圣人淡定？因为他中气满满，"中"在这里是主宰，"中"是这个人"真定"的力量，找到这个

真功夫，大智慧：四书精讲

"中"以后，哪怕上课说悄悄话，也是符合天道的。为什么？因为"中"是无私的，不然"中"要是有私，就失去了"和"。

"发而中节"的"节"很重要，这个"节"是个军事术语，现在，节点是赛场的拐点。"节"的本意是鹰往一起飞，鹰的翅膀碰折在石头上，叫作"节"。积水漂石，这么大的石头人扛不动，但是，上面建个水库把闸一泄，大水就把石头冲出去了。兵法里也有一派叫"兵形势"，这派讲究巧用"寸劲儿"；李小龙的截拳道，打的也是"寸劲儿"，其实这个"寸劲儿"就是"节"。远处看没什么，但下手那一下能把人打得不轻，这叫"节"。所以，"发而中节"的"节"其实就是恰好的意思。

"发而皆中节，谓之和"，"率性修道致中和"。儒家的所作所为就要达到"中和"，我们作为个体来说，无往而不中，都很好，都很对，左右也对，上下也对，这就成艺术品了。在社会上活动跟谁都和谐，交往中让人感觉舒服是最大的软实力，美在和谐。美在和谐是一派，美在和谐的突破是另一派，美在和谐是古典主义的，美在和谐的突破是浪漫主义的，乃至于现代主义的。

"中"是天下最大的根本，如果失去"中"，就失去了这个根本。"中用"是目标，"用中"是方法，所以"中庸"就是这两个字摆过来摆过去。"庸"的本意是"用"，引申意是延续、持续，让"中"的这种状态持续。让你成为一个中用的人，别成为一个废物，别成为一个作孽的人，也是这个意思。意思都通，方法上是"用中"，不要过分。"中"就是"无过无不及"。过了是失中，不及也失中，是动态的而不是静止的。刻舟求剑，胶柱鼓瑟，守株待兔，也就成了大家的笑柄了。

"中也者，天下之大本也；和也者，天下之达道也。"这个"和"是天下的星光大道、金光大道，"达道"就跟高铁似的。"三达德"是能够支撑"中庸"的，有三根筋支了一个头，这三根筋就是"三达德"。"三达德"包含：智、仁、勇。"中庸"怎么能保持住呢？怎么能用中呢？就通过智、仁、勇，这叫"三达德"，后面还有"五达道"，还有"九经"，这是后面的内容。如果能达到"致中和"，天地各归其位，就是孔子说的君君臣臣，父父子子，老师像个老师样，学生像个学生样，这是各得其所，各归其位，这叫"天地位焉"。"天地位焉，万物育焉"，万物已经得到生长了，万物生长靠太阳，太阳就是"中和"的原子弹，就是靠中和之力。

小人无忌惮

仲尼曰："君子中庸，小人反中庸。君子之中庸也，君子而时中。小人之中庸也，小人而无忌惮也。"（《中庸》第二章）

有道德的君子所做的事情，都是依照着中庸的道理的，可以做到什么时候都正好，"时中"就是在运动中做到正好的意思。"时中"的本意是随时调节自己以中和符节，就是时时都在"中"的状态中，这当然须义精仁熟时才把握得住。孔夫子七十岁功夫大成了，才敢说"随心所欲不逾矩"。

《论语》里人概有十四个学生问孔子什么是"仁"，孔子对不同的人，有不同的回答，他有十四种不同的回答。他跟颜回讲"克己复礼"，跟子张讲"五德"，跟樊迟讲"仁者爱人"。孔子因材施教，他知道每个学生问题的坎儿在哪里，他对于"仁"的不同回答，就叫"时中"。要是只有一个答案，那不行，同一个答案，对颜回是补药，对子路可能就是泻药，所以这叫"时中"。

小人的中庸就是无所忌惮，没有顾忌心与畏惧心，所以做事也是违背中庸的道理，总是打着为你好的旗号，只要是我想干的都是为你好的。王夫之说："劈开小人在一边，是入门一大分别。"（《四书笺解》卷二）暗示只要选择了小人那种生活方式，就背离了中庸之道，也就是说中庸之道只在君子那里敞开。

小人是自暴之恶人，小人反中庸是必然的，因其反中庸才成其为小人。有人将"小人之中庸也"，改写为"小人之反中庸也"，没有被通行本接受，因为这样就缩小了中庸无所不至的范围。中庸面对君子小人本是一样，只因为小人选择了向下的"肆无忌惮"的生活态度，自己断绝了向上的可能性。

这种"君子之时中"与小人之无忌惮有什么区别？是不是就是一笔良心账？理论上说当然不仅是良心账，是有外在标志、客观差别的，但事实上若等实践检验出来则为时已晚。"王莽死于未篡时，世人安得辨真伪。"固然是后来的口头禅，但这种现象是自古而然，愈演愈精巧难辨的。这也算孔学自身难以解决的一个吊诡问题吧。

中庸之道就是求正履直之道。求正，是孔夫子的"把柄"。中庸是一种水平，哲学状态的中庸相当于真理渺乎难见，经验状态的中庸则因人而异，这也成了孔学受误解的主要原因。

　　　　　　　　　　真功夫，大智慧：四书精讲

也的确存在着大量貌似中庸而其实正反中庸的丑陋现象。尤其是那些如过河之鲫的奸儒巧宦，他们圆滑诡诈、表里不一，装老实，不问是非，只讲利害，两面光滑，竟把中庸之道弄成了"变色龙之谷"。

最平凡，也最精妙

> 子曰："道之不行也，我知之矣：知者过之，愚者不及也。道之不明也，我知之矣：贤者过之，不肖者不及也。人莫不饮食也，鲜能知味也。"（《中庸》第四章）

孔子说，"中庸之道"不能通行于世上已经很久了，为什么呢？主要是聪明人往往聪明过了头，而愚笨的人却力有所不及，总也达不到。中庸的魅力之所以难以彰显，主要是贤良的人所作所为总是超过了标准，不长进的人所作所为又总是不够。比如，我们以前讲究按照教育部的教学大纲进行教学，这教学大纲对于要求那些达不到教学大纲标准的老师来说，是个好东西。但是，对于优秀老师来说，要达到那个大纲还得往回退，因为大纲是中上等的一个东西。

智者、愚者、贤者、不肖者都比一般的民众有修道的自觉性，他们的问题是处在"过"和"不及"上，"不肖"是拘谨，"愚"是朴厚、一根筋，所以常常"不及"。"智"是聪明，"贤"是敏决，所以容易"过"。但是，"过"并不是超出了中庸的意思，"不及"也不是没有抵达中庸，因为没有一个固定的"过"与"不及"之间的中庸。如果承认有这么一个中庸，那就是折中主义了，就不可能"极高明而道中庸"了。事实上，不同的人，每一个当下的"过""不及"各不相同，花样翻新。是他们的气质之"偏"使他们不能明，不能行中庸之道。

所谓食不知味，不是不辨咸淡酸甜，而是不知"至味"，不知味之"道"。所以，中庸看起来最简单、平凡，却很少有人能体悟出它的精妙——就像人天天都在看自己的手掌，却很少有人能分辨出掌心的纹路特点。

> 子路问强，子曰："南方之强与？北方之强与？抑而强与？宽柔以教，不报无道，南方之强也，君子居之。衽金革，死而不厌，北方之强也，而强者居之。故君子和而不流，强哉矫！中立而不倚，强哉矫！国有道，不变塞焉，强哉矫！国无道，至死不变，强哉矫！"（《中庸》第十章）

真功夫，大智慧：四书精讲

君子以宽大和气的方式来教导人，不向无理欺负他的人进行报复，这是南方人的强。而那全仗着血气用事，即使在睡卧时也不离刀枪、盔甲以便随时与人争斗，即便掉脑袋也在所不辞的是北方的强。而君子之强与这二者都不同，它是中庸的强，那就是平时待人很和气又不同流合污，他们时时立在中间，在政治清明的时候他们可以入仕，且不自高自大；而在政治不太清明的时候，他们也能安贫乐道，且到死都不改高尚节操。总结起来，君子之强就是同时具备仁、智、勇。

行人道德治，不可以不知天

> 哀公问政。子曰："文武之政，布在方策。其人
> 存，则其政举；其人亡，则其政息。人道敏政，地道
> 敏树。夫政也者，蒲卢也。故为政在人，取人以身，
> 修身以道，修道以仁。仁者人也，亲亲为大；义者宜
> 也，尊贤为大。亲亲之杀，尊贤之等，礼所生也。"
>
> （《中庸》第二十章）

自公元前484年担任鲁国的"国家顾问"后，孔子有
了一份可观的收入，生活稳定了许多，经常陪鲁哀公聊
天，谈论一些如何治理国家的话题。

那是一个春意盎然的时节，鲁哀公让人备了点美酒，
搞了几个美味小菜，同孔子一边沐浴着阳光，一边谈天说
地。鲁哀公问道："夫子呀，我也是有上进心的人，我也
很想把鲁国治理好，可治国的要点在哪里呢？最大的秘诀

是什么呢？"

孔子答道："四个字，为政在人。"你想想，周文王、周武王了不起吧，他们治理国政的丰功伟绩早已载入史册。但遗憾的是，他们活着的时候，能执行周公礼乐，良好的政局就在；他们死了以后，法令随着他们而消亡，良好的政局就不在了。这种"人亡政息"的现象，充分说明，政治就像那容易生长的蒲苇一样，有贤人当政，很快就见效；就像那葱郁的树木一样，有肥沃的土地，就能很快成长。因而，政治的关键在于使用贤人。而要寻求贤才，必须先尊重贤才，把你的自身修好。

"那什么样的人，才算贤人呢？"

贤人最大的特点是"亲亲为大"，他除了言行合乎正道以外，更重要的是他具有一种宽广的情怀，具有万物一体为仁的理念，能够把天下所有的臣民都当作自己的亲人一样对待，亲近他们，关爱他们。所以，君子要想成为治理国政的大贤，就必须加强自身修养；而加强自身修养，就必须培养自己的"亲民"情怀；而要真正具有亲民情怀，就必须懂得人性，了解人性的需求；而要真正了解人性，就必须了解天道的规律。

真功夫，大智慧：四书精讲

"天道的规律与人性有什么关联吗？"

关联直接而紧密！人生活在天地之间，其实都受着天地运行规律的支配。比如，日出而作，日落而息。又比如，在地上，人类以血缘关系为纽带形成群体；在天上，星星按照星宿形成星系和星座。再比如，早晨空气清新，我们的头脑也感到清醒；傍晚暮气沉沉，我们的精神也容易萎靡。

从这个意义上说，不明白天道的规律，又如何能了解人性的需求呢？不了解人性的需求，又如何能治理好国家呢？

儒家这套思想叫"以德治国"，讲《大学》的时候你们也能感觉到"修、齐、治、平"，也是"以德治国"的思路。现在我们为什么大讲以法治国，是因为单讲"以德治国"不行，"以德治国"导致了各种人为的问题，但是单讲"以法治国"也不行，还要辅以"以德治国"。孔子说，"听讼，我犹人也，必也使无讼乎"。

康德哲学中讲道德与法律的关系，西方的体制里，康德把道德和法律作为一个重大的理论问题联系了起来，他认为，道德跟法律是相互依存的关系，法律是道德的外壳。

中国有特殊国情，但是说到这个定性质，这叫"以德治国"，不要以为法家就主张"以法治国"，法家是以"缺德"治国。法家是怎么缺德怎么来，缺德治国效率高，道德治国效率差，因为缺乏强制手段。

法家质疑儒家，"你可以对人'仁'，但你却不能够使人'仁'"。你愿意对他人好，你愿意当好人，当一辈子好人这是你愿意，但你怎么能让他人也像你一样当个好人？我们小时候学习劳模标兵做好人好事，倡导像关心自己一样关心他人，我说这糟了，我从来不关心我自己，像关心我自己这样去关心我女儿，我女儿就完了。

但是，"以德治国"是以法治国的一个最好补充，当政治都不是以法治国的时候，再强调以德治国也没用。鲁迅嘲笑儒家，"杀了大半，救其孑遗"，军阀把大部分都杀了，过来抱住一个残废，举起一个孩子来，表达一些人道主义的同情，这都是无聊。

> 仁者人也，亲亲为大；义者宜也，尊贤为大。亲亲之杀，尊贤之等，礼所生也。（《中庸》第二十章）

"仁者人也"，中庸认为"仁"这个字是做人的根本。说文解字中把"仁"解释成两个人，左边一个单立人，右边是个二。什么意思？人相偶也，人是离不开人的。袁世凯众叛亲离就是人离开人了，地球上专门办一张报纸给一个人看，只有中国才有这种事情，这报纸叫《顺天时报》。《顺天时报》原是日本人在华办的报纸，袁特别喜欢看这家报纸，日本不再支持袁世凯称帝后，袁世凯长子袁克定便伪造《顺天时报》，登载拥赞帝制的舆论，支持袁世凯称帝。《顺天时报》专给袁世凯一个人看，各国来电，不但中国各地区的人民劝袁世凯当皇帝，世界各国，像比利时，七七八八的国家也劝袁世凯称帝，所以袁世凯称帝是"全球一致的呼唤"。

最终，袁世凯为什么会众叛亲离？所谓众叛亲离，最重要的是"叛"，是北洋军对他的"叛"。段祺瑞他们实行总统制的时候，你任期到了我来当，虽然现在给你扛着活，但有个盼头。一旦成了皇帝，那只能传给他儿子，整个北洋一系就背叛了他。这一"叛"比老百姓骂更管用，老百姓骂，他听不见，他听见的都是老百姓盼着他当皇帝，因为有报纸为证。

儒学为世界文明做了一个贡献，就是讲究人民之间的关系要以亲为核心，不要以杀为核心。以杀为核心，必然轮回过来。

"义者，宜也"，"义"是什么？义是宜也，就是合理、应该，做事合宜的意思。至于仁的内容，是"亲亲为大"，亲爱父母是最大的事；至于义，"尊贤为大"，尊重贤能的人是最大的事。这样社会秩序就建立起来了，"亲亲之杀，尊贤之等，礼所生也"，同样是亲属，"亲"的程度应该有所区别，比如我对我女儿，然后对叔伯侄女，再是对老乡的孩子，亲密感在逐渐减弱，这是"亲亲之杀"。对不同类的贤人，尊重程度也应该有所差别，如果苛求形式上的一片平均，就埋没了至亲、大贤，所以这个社会是有秩序、有等级的，而这个等级和秩序就叫"礼"，一定要用"礼"来保证实质公平、正义。

支撑人道的支柱是仁、义、礼，他们通着五达道。亲亲之仁凸显于父子、昆弟、夫妇，尊贤之义凸显于君臣、朋友。"亲亲之杀，尊贤之等"的"礼"贯通于五伦，"礼"的制度性也被其道德性、宗教性柔化着，礼乐生活为各正其性命之正提供着"交通"保障。

> 在下位不获乎上，民不可得而治矣！故君子不可以不修身；思修身，不可以不事亲；思事亲，不可以不知人；思知人，不可以不知天。天下之达道五，所以行之者三。（《中庸》第二十章）

真功夫，大智慧：四书精讲

修身从"事亲"做起，因为"孝"是"仁"的基础。这也是把血缘感情提升为伦理规范。"事亲"要按着"亲人"的需求行事，不能按自己的意志行事，所以要知道他人的个性、反应模式，就是要亲证他人的"性、道"，推到最后，就是"不可以不知天"——又回到了"命、性、道、教"这个循环通路上——这才是政治的实体性内容之所在。政治的核心是把通道疏通，让人尽其才、物尽其用。

孔子说"政者，正也"。这个"正"主要是"各正其性命之正"的意思，这需要两方面的努力：个人正身修为；政治则给人提供正其性命的空间、为各正性命开通道路。各正性命（政）是治理活动的目的和方向，而不能反过来，以"治"代"政"，那样必然脱离"性、道、教"，从而也失去了与"天"的对话、联系，从而失去导航。摆脱了"天"的指引就会肆无忌惮。所以，"不可以不知天"——这是儒家的政治思想，是儒家的价值观。

历史上那些军政寡头恰恰相反，正是以治代政，所以朱熹浩叹：尧舜周公孔孟之道何尝一日行乎天壤之间！

智仁勇，中国人存在的底气

> 天下之达道五，所以行之者三。曰：君臣也，父子也，夫妇也，昆弟也，朋友之交也，五者天下之达道也。知、仁、勇三者，天下之达德也。所以行之者一也。（《中庸》第二十章）

酒酣话亦多，对孔子的一番高论，鲁哀公尽管似懂非懂，但还是止不住问下去："治理好国家，应该处理好哪些关系呢？"

孔子沉思了一会儿，说："一个国家，万千臣民，看起来非常复杂，但主要的关系，就是五个方面，即君臣、父子、夫妇、兄弟、朋友关系（这就是我们常说的五伦）。处理好这五种关系，就是治国平天下的通达途径。"

"那处理好这五种关系，主要靠什么呢？"

三个字：智、仁、勇。这是执政者最重要的素质，也就是所谓的大德。对这种大德的领悟，有的人是天生就明白的，有的人是通过学习才明白的，还有的人是通过困难的磨砺才明白的。这是第一层意思。

第二层意思，对这种大德的践行，有的人是自然而然就去做了，有的人是明白了好处才去做的，还有的人是受到鼓励或被强迫才去做的。不管处于哪种情形，只要去做了，就是好的。

"怎样才能培养智、仁、勇三种大德呢？"

孔子摸着长长的胡须，微微一笑说："通过学习就会越来越明智，通过努力实践就会越来越仁德，通过经常反省增强羞耻感就会越来越勇敢。明白了这三点，你就懂得如何修身了；懂得如何修身，你就懂得如何管理众人了；懂得如何管理众人，你就懂得如何治理天下国家了。"这三大德能通乎大道，所以是"达德"。

伦理是按伦论理，君君臣臣，就是君像君的样子，臣像臣的样子，这就叫安定。君不像君样，他要倒行逆施，独夫民贼，就不像个君。孟子说，这种不像君的君可以推翻他，可以杀他，就是弑一独夫，杀一民贼。"独夫民贼"这个词就是从孟子那里来的。

为什么周文王之子武王推翻商朝，叫"武王革命"，因为武王是应天命起来推翻纣王暴虐统治的，所以这不叫弑君，这叫杀了一个独夫民贼，这也是人治的解释。其实，武王革命中也包含着对天命的新理解，它导致了周代乃至整个春秋战国时代逐渐对人的重视。

儒家的伦理学实际是角色伦理学，儒家伦理注重关系性、协作性，它对于社会生活中关系和角色的表述，可以指示现实生活中人们的行为方向。

马克思说人的本质是一切社会关系的总和，这个说法在西方人听来感觉有点绕，但在中国一说就明白。你不是你，你是这套社会关系的总和，儒家把这套社会关系叫"五达道"。"五达道"是一个客观的制度，里面需要精神的、文化实力上的东西——智、仁、勇。智、仁、勇是天下之大德，无论什么人都要讲究智慧、道德、勇敢这三样品质，这是大德，是没有异议的。"三达德"是孔子提出来的，在他们这里是不证自明的，所以叫大德。

"智、仁、勇"是中国人建构人格的三根支柱。"仁"是仁爱之心，"智"是智慧、中用，你得有本事，有了这种仁爱之心，也就有了处理问题的能力，但是不敢担当还是不行，所以，一定要有"勇"。

王阳明参加科举考试，"做论"就是要论志士仁人，怎样才能是志士？怎样才能是仁人？志士仁人的核心点就是这个"勇"，要是没有"勇"，没有这种大勇，成不了志士，也成不了仁人。美国当代哲学家、神学家保罗·蒂利希有一本很有名的著作叫《存在的勇气》，这是文化神学的一部理论经典，他认为对"勇气"的探讨，有助于对人的处境的分析。所以，活着是需要勇气的，就是这种存在的勇气。

> 或生而知之，或学而知之，或困而知之，及其知之一也。或安而行之，或利而行之，或勉强而行之，及其成功一也。（《中庸》第二十章）

下面是对"天命之谓性"的一个具体解释。有的人一生下来就什么都知道，这是孔子，是"生而知之"；有些人是"学而知之"，像孟子；有些人是"困而知之"，碰见坎儿了，在苦难中磨炼，才挺立出来。

生而知之简称"生知安行"，不用特别过分地去努力，顺着走就行了；学而知之简称"学知利行"，这类人也会像普通人一样犯错，但是他们有一颗知错改错的向道之心，并且还能不断勉励与提高自己；困而知之简称"困知勉行"，我们大部分人是在这个境界里，被难题困住后，才勉强想到要去换一种思路去做。不去时刻想着提高自己，而是始终让自己困在生活的泥潭里原地踏步。所以，生知安行，学知利行，困知勉行这是知行的三种档次、三种境界。

王阳明最后一次学术讲演就是在去广西思田的路上，好多学生围着他，一定要他给大伙讲课，王阳明就说，这一大伙人，我们都是"困而知之"。我们就是这种人，就是普通老百姓，困而知之者，应该加倍地努力改造，加倍学习。可是，他批评学生们，明明是"困而知之"的材料，却做起"生知安行"的勾当，天天以为良知现成，不用努力，不用修，吃饱了，睡着了，良知就上升了，天下哪有这样的道理？所以王阳明说，圣人本来是"生知安行"的，还要做这种困勉的功夫，在艰难和困境中勉励自己。

为什么刚才举王阳明的例子？因为我也看见当今很多人都是"困知勉行"的材料，却做了"生知安行"的勾当。好多孩子满脸的骄傲，"舍我其谁"，其实一点真本领也没有，还不肯用功，这样就提高不了自己。

子曰:"好学近乎知,力行近乎仁,知耻近乎勇。知斯三者,则知所以修身。知所以修身,则知所以治人;知所以治人,则知所以治天下国家矣。"（《中庸》第二十章）

为什么现在提倡生态学习观?因为保持一种学习的状态就是追求智慧。"力行近乎仁",仁是爱,努力去践履知行合一,并保持一颗仁爱的心肠。"知耻近乎勇",知道有羞耻,这叫"勇"。现在勇气成了稀有精神,有些人无耻之尤,还不知道自己耻在哪里,为什么?他自我感觉良好,觉得自己好得要命,天老大,我老二,这还怎么韬光养晦?没法韬光养晦了!如果能够知道这三条,"好学近乎知,力行近乎仁,知耻近乎勇",做到这三条,就可以"修身"。

"知"可以"修身",知道怎么修身,就可以来治人了。这个"治"是"安人"的意思,修己安人,就是怎么跟人相处,怎么教导别人。为什么这么多教化派做不到?你必须自己先知道怎么修,然后你再告诉他怎么修。现在有一个口号,能够自己改造自己的叫神,努力去改造别人的叫"神经病",现在神经病很多。你知道怎么去治人,就知道怎么治天下、治国家了，这也是《大学》里讲到的"修身、齐家、治国、平天下"，这个同心圆放大版的逻辑是存在的，有时候灵，有时候不灵，跟逻辑无关，跟时运有关。

前面我讲到的"五达道"，"三达德"，是过渡，下面是主体，叫作"九经"。

《中庸》里的九条治国真经

> 凡为天下国家有九经，曰：修身也，尊贤也，亲亲也，敬大臣也，体群臣也，子庶民也，来百工也，柔远人也，怀诸侯也。

> 修身则道立，尊贤则不惑，亲亲则诸父昆弟不怨，敬大臣则不眩，体群臣则士之报礼重，子庶民则百姓劝，来百工则财用足，柔远人则四方归之，怀诸侯则天下畏之。（《中庸》第二十章）

俗话说得好，"酒壮怂人胆"。在酒的刺激下，鲁哀公也突然生出了有所作为的冲动，便接着请教："夫子啊，我要想治理好一个国家，应该遵循哪些法则呢？"

孔子听后，眼睛一亮，难道奇迹出现了？这个不长进的国王发生了改变，想做一代贤王了？不管如何，这都是一件好事啊！于是，孔子呷了一口酒，开始向鲁哀公传授他的王道治国真经——

大凡治理天下国家有九条准则：一是修养品德，二是尊重贤人，三是团结宗亲，四是尊重大臣，五是体恤基层官吏，六是爱护农民，七是招雇百工、鼓励匠人，八是优待边远异族，九是安抚四方诸侯。

这是九条不可逾越的道路，或者说次第，叫作"修身尊贤"。修身就是克己省察，培养自己智、仁、勇的人格。治理天下国家第一条要尊贤。在元代，有八娟九儒十丐的说法，儒的地位在妓女和乞丐之间，所以叫老九。那个时候跟尊贤没有关系，所以，元代就是勃然而兴，忽焉而灭，因为它实行的是倒行逆施的政策。中国在元代以前和以后，知识分子无论是从名上，还是从实上，都比妓女和乞丐要高。这个问题我们讲《孟子》的时候会专门讲。

《孟子》最后就讲"士"，讲大丈夫人格，这对我们每个人都直接有作用。好多人喜欢背诵"天将降大任于斯人也，必先苦其心志，劳其筋骨，饿其体肤，空乏其身，行拂乱其所为"，王阳明在贵州龙场也背这个，我的几个老师，也是靠着孟子这段话熬过了人生最糟糕的时光。有个反战影片叫《美丽人生》，反映了集中营里的生活。集中营把犹太人关到一块儿，爸爸为了不给孩子造成巨大的心理伤害，每天制造假象，哄骗儿子这是在玩一场游戏。就是这种笑不出来的哭，才是真正的哭，比直接哭还有悲剧力量。

尊贤是从正义上说的，是从"义"上说的，亲亲是从"仁"上说的，尊贤就要敬大臣。假设你是皇帝，学《大学》《中庸》，从天子以至庶人，"壹是皆以修身为本"，这主要是教皇帝的，教会我有什么用？教会我，我最多再教几个学生，把皇帝教好了，皇帝按照这个去做，那么国泰民安，人民就有福了。尊贤就是来"敬大臣"的，亲亲是来"体群臣"的，大臣和群臣是两个概念，达到一定级别的才叫大臣，一般的官员，都在群臣之列。

"体群臣"，然后"子庶民"，把老百姓当儿子养，然后"来百工""柔远人"，就是有朋自远方来，不亦乐乎。好多发达的时代都是大移民的时代，唐代移民程度最高，就是"来百工"，共同建设伟大唐朝，所以唐代气象宏大。秦把客都逐走了，李斯说，如果把这些外头来的人都赶走，当地还能剩下什么？所以，秦不逐客了，才留住了李斯、韩非这样的人。

"来百工"是"开放"的意思，一个开放体能够跟外界进行能量和信息的交换，从而达到双赢。如果把你丢在地窖里面，把盖盖上，用不了多久你就会死。

"柔远人也，怀诸侯也"，"怀诸侯"就是对其他分封国也要友好，"柔远人"就是优待、怀柔边远异族，这样四方边境的人就会来归顺、依附你。过去是人口的较量，有多少人口到这个邦国来，人口多是国力强盛的表现。

《中庸》是个论证文，它是一种道德理想主义的论证，水平很高。论证文写到这种程度，这种自觉，在孔子那个年代根本不可能。所以，这是子思那个时代的东西，这些东西只讲了一个原则，就是对等原则。你对他好，他就会对你好，不可能你对他很薄，他对你很厚，这不可能。"薄往厚来，未之有也，厚往薄来，也未之有也。"这是儒生的幻想，其实现实中相反的情况更多。

还有一个特殊的东西，就是中国天子制度形成的朝贡体系，在周天子形成的天子制度中，自认为周是天下的中心。那时候诸侯国们要定期来参拜周天子，到了该给周天子献茅草的时候如果没献，两次不献，就可以来讨伐你，这就是朝贡体系。像明朝，要保持天子的尊严，保持朝贡体系，保持薄来厚往，例如日本或者高丽给皇上拿一盒烟，皇上可能会在他们临走时给他五箱烟，为什么？为了让你再来，鼓励你的积极性，这也是儒家的理念。

这本来是要感动人心，你对我好，我对你更好，但是

真功夫，大智慧：四书精讲

后来这就麻烦了。因为日本发觉这个东西是一个重利，只赚不赔，所以日本那帮人都争取到中国朝贡的机会。给中国拿三百块钱的东西，拉走三万块钱的东西。那边买最差的，往这面来报价报最高的，这成了一个巨大的利益。除了偶然碰见台风、海啸，剩下的情况只赚不赔。甚至日本人为了抢来中国朝贡的名额还大打出手，后来有的抢不上了，他的家族或者团队就私下里开过来，这就导致了海盗的兴起。日本海盗那帮人，开着门做买卖做不了，就从窗户进来做。不好好做就抢，不行就打，这叫养虎遗患。

大明朝好面子，对内部则是残酷镇压。就说朱元璋，一道禁海令，让人不许靠近海边，海岸线往里走十里地不许有人，有人就可以杀了。后来，海外贸易很发达的时候，一不高兴了就要禁海，皇帝被跳蚤咬一下，他就可能下一个禁海令，一下禁海令，沿海的老百姓就可能要在饥寒交迫中度过。所以，为什么要文史哲一块儿学？王安石用经学搞改革，不可能不失败。苏东坡用文学来搞改革和执政，也注定要失败的。因为政治经济它不是经学和文学的事。

现在有些学者天天拿苏东坡做高级鸡汤，什么当你处在绝境的时候，背背苏东坡的"绝命诗"，你就满血复活了，诸如此类的。讲深刻了这叫什么？阳春白雪总是少数，讲通俗的总是多数。比如我讲苏东坡拿文学来改革何以失败这个话题，开放个直播课来听的，应该是文史科的硕士水平以上。我讲苏东坡的爱情故事，那就是任何人都可以来，这是选题的重要性。

鲁迅写《出关》，关尹子拉着老子不许走，一定要把他的"道"留下。老子走不了，就开讲"道可道，非常道"，底下的人就开始打瞌睡了。再往下讲，走了一半，大家都以为他要讲自己的爱情故事呢，结果却不是，再往下讲，都走了，这叫感而遂通，以感为体。从老子到鲁迅，两千五百年都过去了，但是这种结构一点都不过时。鲁迅到今天多少年过去了？照样不过时，这叫感而遂通，它得以成立的基础，是东海西海，其理攸同。靠的是什么呢？就靠这种心同理同，现在叫同理心。君子尚同，小人好异，也是因为这个东西。

"凡事预则立，不预则废"。那会儿我上小学，小学不太懂什么，但是觉得这句话特别好，特别亲切，一下就记住了。凡事有谋划就不困、就不穷、就不疚，这叫计划性、谋划性。下一章讲什么？讲计划。真厉害！作为一个人，要做好一件事情，制定周密的方案是可以的。作为一个国家，也要做好计划。

在下位不获乎上，民不可得而治矣。获乎上有道，不信乎朋友，不获乎上矣；信乎朋友有道，不顺乎亲，不信乎朋友矣；顺乎亲有道，反诸身不诚，不顺乎亲矣；诚身有道，不明乎善，不诚乎身矣。（《中庸》第二十章）

"在下位不获乎上，民不可得而治矣"，处在下位的人得不到上级的信任，百姓就不可能治理好。一般人都是讲"得君行道"，我作为一个普通教书人，我能影响的人是有限的，你要是教育部部长，就能一下子影响一大片。所以，从荀子开始主张君子当官，就是一定要下位者努力得君，得了君才能行道。王阳明被发配到龙场以后，看见了此路不通，不再走"得君行道"这条路，而是要"觉世行道"，唤醒大多数民众。像慧能一样，做平民思想家、平民宗教家，去唤醒民众。

"获乎上有道，不信乎朋友，不获乎上矣"，你一下子当了尚书，但是底下人开始骂你，你的位置也坐不牢，这是相互制约的关系。你跟朋友相处有道，跟亲人这里不顺，这朋友也会觉得你人品不好。你对你哥都不好了，你对我能好？所以，他也不信乎朋友。这个"信"主要是

"伸"的意思，就是伸展，你跟朋友的关系，也得不到发展。

你"顺乎亲有道"，结果"反诸身不诚，不顺乎亲矣"。这段说得很漂亮，你对老人，对亲人都很好，但是你并不是从自己内心里面"诚意"流出来的，而是刻意的，为了获得遗产就给老人洗脚什么的，那叫表演。这样，其实老人看透你以后，就知道你是在作秀，是故意的表现。有的人平常对老人不好，弟兄全在的场合就对老人分外地好，让其他的各个弟兄看他有多么好，这就是"有意为善则为伪"。为什么？因为内心里不诚。

"诚身有道，不明乎善，不诚乎身矣"，诚实自身是有道理的，如果一个人不明白天理良心的好处，那就不可能做到诚实自身，可见，要做一件事以前，必定先要有一个善念和诚心，有了这个才会有后来的好结果。

"善"是修身的，有一个善念是给自己一个机会，有一个善念，就有一个正能量的光圈，这就是所谓的正修无伪圆。这是今天我们应该承认和弘扬的，确立善良是根本价值。不要看暂时的行骗得手会有立即的好处，但那都走不远，善良的根本价值就能够使你走的时候比来的时候更高尚一点，使你跟亲人和顺一点，使你跟朋友的关系友好一点。

　　"善"是一个根本价值，儒家在政治上最高的理念，是要建立一个好人政府，不善者不可能成为好人，善是好人德性的根基，让好人去管理国家，就是让善者去管理这个国家，这当然也只是一个好人的愿望。历代帝王，谁在管理国家时达到这善的高度了呢？

从容中道，诚心者得天下

诚者，天之道也。诚之者，人之道也。诚者不勉而中，不思而得，从容中道，圣人也。诚之者，择善而固执之者也。

博学之，审问之，慎思之，明辨之，笃行之。有弗学，学之弗能，弗措也；有弗问，问之弗知，弗措也；有弗思，思之弗得，弗措也；有弗辨，辨之弗明，弗措也；有弗行，行之弗笃，弗措也。（《中庸》第二十章）

听着孔子的长篇大论，鲁哀公变得越发迷糊了，说："哎呀，你能不能说得简单一点呢，我记不住呀！"

孔子闻言心里一怔，立即改变了进言的方式，耐心地解释说，这治理天下的九条准则，看起来复杂，实质上非常简单，可以归结为一个字："诚"。

"诚"就是真诚，守信、守约、不欺骗的意思，不自己欺骗自己，也不欺骗别人。所谓"诚者，天之道也"，"诚"是指天道，就是人应该顺天行事，像天那样守信、守约、守时。如果不诚，太阳今天落下了，明天不再出来，秋天去了，冬天不再来，这个世界不就乱套了吗？

所谓"诚之者，人之道也"，就是告诉我们，社会是个万花筒，人处其间，很容易迷失自己的本性、本真，要想保持正确的人生方向，就一定要保持真诚。何为真诚，就是要像圣人那样，选定好善言善行的规范，就坚持下去，不动摇，不半途而废，最终使"善"内化于心，外化于行，从而达到不需要刻意努力便能收到善果，不需要过多思考便能悟到善理的境界。

"铁的棍子，木的杠子，撬不开紧咬着的嘴唇"，《红岩》中，江姐面对敌人的严刑拷打，面临生死大考的时候，展现了钢铁般的意志，始终不动摇自己的信仰，这就是"诚"，其实这是人之道。

"诚者不勉而中，不思而得，从容中道圣人也"，诚恳笃实的人不必费力气去做、不必用心去思考，他不慌不忙、从容不迫地去做，自然会与大道相契合，谁是能做到这种"诚"的人格标兵？是圣人，这里头有一个要害就是"从容中道"，从容不迫地达到中庸之道。你看那些至理名言，都不是那么火药味十足，也不会极端，用孔子的话说这是"从容中道"。

"诚之者"的要害是什么？是"择善而固执之"，我刚才背《红岩》中的句子也是为了要说明这点，江姐选择了善、选择了诚，她就一定要去坚守它，任什么都撬不开紧咬着的嘴唇，这叫"择善固守之"。在择善之前必须要知善，你不知善怎么择善？如何知善？必须要"博学之，审问之，慎思之，明辨之，笃行之"。

有许多学校把这几句话当作校训，这是让人"诚之"的功课。郑玄的注简明："言诚者，天性也；诚之者，学而诚之也。""博学之，审问之，慎思之，明辨之，笃行之"之"之"，都是"诚"，都是在用"问学"来"尊德性"，都是通过"学习"来落实择善固执。"学、问、思、辨"是择善而为知；"笃行"，是固执而为仁；简言之，就是知行合一。知难，须做学问，须思辨博审。行更不易，须努力坚持。

朱熹他们把"笃行"单说，并将前面的博学、审问、慎思、明辨称作"知"，"知先行后"，就是先博学、审问、明辨，然后再立笃行。王阳明说，博学，要带着疑问去学习，包括慎思、明辨，王阳明说这都是笃行，他认为不能把笃行放在最后，放在最后就是分开的二，而不是合一了。

王阳明的读书方法有两条，一是起疑，对任何书都要起疑，这也是禅宗开悟的第一步，叫"起疑情"。不起疑情学了也白学，只有起了疑情，你才能跟他较上劲，这叫"意之所着便是物"。起了疑情，心和物才能通，你和对象才能是一体的。二是专注，这是王阳明的读书法之二，在古代名人讲的读书法里面，这也是经常被提到的。

> 有弗学，学之弗能，弗措也；有弗问，问之弗知，弗措也；有弗思，思之弗得，弗措也；有弗辨，辨之弗明，弗措也；有弗行，行之弗笃，弗措也。
> （《中庸》第二十章）

这是在展示"庸"的内涵。君子之学，是为己之学，是自个儿成全自个儿，半途而废是自断前程。所以，为则必要其成，哪怕百倍其功也不倦不悔，因为这是上天赋予你的神圣使命。

如果如此这般地坚持下来必能"明""强"，"明"也不是一般的聪明，而是能够择善，"强"也不是一般的强大，而是能够"择善固执之"，从而进入更高层次的"诚之"修为，直到成为"诚者"。这是一个循环不已的气质变化过程。德性战胜习性，则愚者可进于"明"，柔者可进于"强"。不能胜之，则虽有志于学，亦愚不能明，柔不能立。如果自暴自弃，就是对自己也不仁了。

"择善固执"必须靠"教"才能成为族群世代持续的传统。没有"教"便出现《中庸》开头提到的"民鲜能"的状况。《中庸》里罕有如此句式整齐的排比递进段落，这是在理直气壮地宣示教育对于"命""性""道"的支撑作用，教育到位就可以星火燎原，一十百千地扩展，个人则可以从愚蠢变明智、由柔弱变强大。立教是修道的主体工程，"教"是中庸之道这个导航系统的支持系统。

本章内容丰富而涵盖面广，几乎呼应到《大学》格物、致知、正心、修身、齐家、治国、平天下的各个环节，最后落脚到"诚"上，以后各章，都围绕"诚"而展开了。"诚"是《中庸》全篇的枢纽，所以此章是全篇的枢纽。

做任何事，都要先"诚"己心

自诚明，谓之性。自明诚，谓之教。诚则明矣，明则诚矣。（《中庸》第二十一章）

孔子和几个学生围坐在一起讨论修身的学问，一个学生问道："老师，最近一段时间，您总是教诲我们，要把'诚'字作为修身的要点，把'善'字作为修身的目标，这两个字究竟有什么关系呢？"

孔子说，"如果把一个人比作一个圆，那么他的心灵就是这个圆的'圆心'，而'诚'与'善'就是这个圆的直径的两个端点，诚据左端，善据右端。你如果顺时而走，就是由真诚而达到明善，这是你先天本性的天然驱动作用；你如果逆时而动，就是由明善而达到真诚，这是你后天接受教化的结果。无论是顺时由真诚而达到明善，还是逆时由明善而证悟真诚，都能觉悟大道。因为，真诚到一定程度就会明善，而明善到一定程度就会真诚。"

诚善能明心

"自诚明，谓之性。自明诚，谓之教。"这两句话是纲领性的句子，也是儒家教化理论的逻辑通道。这个"自"是"由"的意思，你由真诚而明达，这叫天性，这是上天赋予人的觉悟性。"诚"能知己之性、人之性、物之性，这就是在"明"道了。因为"诚"是"道"本身，可以用鲁迅先生做一个革命人自然能作革命文的事例来辅证，因为从血管里流出来的都是血。这确立了"诚"的本体地位，坚持"诚"就能够"明"，使向善成为做人的责任——这是由人人共有的天命之性决定的！强调"诚"的本体地位就突出了"尊德性"的优先性。

由博学明辨而"诚"，则是由"教"入"诚"，也就是要靠儒家德育的养育，不然你就会成为一个使奸、耍滑、行诈的奸佞之辈。它的要害是，"诚则明矣，明则诚矣"。所有人都不能认为"诚"是现成的，因为我们不能自封是生知安行的圣人，我们必须努力"道问学"来"明"道，这个过程就叫作：自明诚，谓之教。自我教育是"明"的关键。作为功夫的"明"照应着开篇说的"修道之谓教"。

"诚"和"明"的关系是互动共生的，"诚"则无不"明"矣，"明"则可以至于"诚"矣。"诚"则"明"，凸显"诚"为本体；"明"则"诚"，强调"明"是功夫。本体功夫贯通合一，我们就能日新日日新了。

在中国，名字叫明诚的人特别多，尤其是 20 世纪 50 年代。那个时候是相信"明"和"诚"之间的关系的，再往后，1980 年代出生的那批独生子女，开始起什么名了呢，姜昆的相声说过，都变成娜娜、莎莎之类的名字了，已经西化了。后来有一段时间我们给小孩起名字学香港，四个字的名字特别多，名字越叫越古怪，现在是什么我没关注过了，好久不看点名册了，不知道现在的名字发生什么变化了。

"由诚而明，由明而诚，诚则明，明则诚"，这是儒家教化理论的逻辑通道。

唯天下至诚，为能尽其性；能尽其性，则能尽人之性；能尽人之性，则能尽物之性；能尽物之性，则可以赞天地之化育；可以赞天地之化育，则可以与天地参矣。（《中庸》第二十二章）

"诚"在《中庸》中忽而是宇宙能量，忽而是道德决心，他们之间语义贯通，有时候可以意义互换。打个比方：它是宇宙的氧气也是人间的正气，它是天下共享的一个本体论的"实在"。

"诚"，是天道之"实然"（诚者，天之道），是人道之"应然"（诚之者，人之道）。

儒家认为，人与万物的本性，都包含着"天理"，只有天下至诚的人，即生之安行的人，才能充分发挥自己以及一切人天赋的本性，进而发挥万物的本性。做到知心、尽性，知物、知天，从而"赞天地之化育""与天地参（sān）矣"。这里的"赞"是赞助的意思，就是能赞助天地养育万物。这是本章的基本理据："诚"给出了世界，使人得以与天、地"三才合一"，参赞化育。

"诚"是万事万物化生之原则，是儒家思想中最重要的一部分，"至诚"是它的最高表达，"诚"与"真"相应相辅，落实到人在生活世界中的具体言行中去，天地人三者贯通了，才能真正成其为人。这个"诚"，理想主义色彩较浓，是"成仁"过程中人对自身的要求，后面讲"诚"，也是立基在这层语意上的，不诚，就不知物，不诚，就不能了解、理解和把握这个世界，也就会失去真实的自己，一个人如果不诚，连自己都骗，你就会在不诚的情境中永远活不出来了。

　　　　　　　　真功夫，大智慧：四书精讲

看一段文字，要是没有这种真诚意念的关注，你就得不到真正的信息。小和尚念经有嘴无心，有嘴无心是因为诚意不到。所以，诚意是一个基点，是亲亲的基点，也是尊贤的基点，更是智仁勇的基点。所以"诚"永远是基点。

良知就是"诚"

良知就是"诚"，简单地说，就是"诚"把你的心、你的本质力量最大化，最大化之后，你才能够把物性最大化。居里夫人能发现镭，我为什么发现不了？这里面就是本质力量的差异。你看我们那些"两弹一星元勋"，那些人要在国外，是有可能得诺贝尔奖的，但是他们的内心因为有着对国家的"诚"，所以甘愿在祖国受苦受累。

你看邓稼先，他和杨振宁从小玩到大，两个人从小就成绩特别好，杨振宁得了诺贝尔奖，他回来看邓稼先，邓因为造原子弹，有核辐射，得了癌症，杨振宁特别让我感动的一个事情，就是杨振宁跟邓稼先说，"你别回答，我问，你表示一下就行"，他问成了没有？邓稼先点了点头，然后杨振宁去洗手间哭了很久，杨振宁的爱国心非常感人。所以，他说自己所拥有的一切成绩，首先源于一颗爱国心。一个人达到这种境界就能够参与天地的变化了。

如果没有"两弹一星"，中国在世界上的地位还是上不来，所以，这个尽物性是非常重要的。光尽心，我善良，有一颗中国心，那不行，你得有一颗原子能的能，这样你那个中国心才会厉害。

有个理念叫"知能并重"，最正确的教育是知能并重，尤其这个"能"。我们现在为什么上大学这么好混？就是没有注重"能"的培养。1958年，钱学森在中国科学技术大学近代力学系当系主任，期末考试，钱学森只出了两道题，早上开始考试，钱先生一直在考场陪着，直到中午，他跟学生说先去吃饭吧，吃完了午饭回来再考，结果这场考试直到傍晚学生们才交卷。考试成绩出来后，竟然有95％的学生不及格，钱学森说看来这门课我没教好，下学期我们重新开一遍吧。钱学森出的这个考试题目不用监考，因为他考的不是知识，而是能力。

过去的大学，中文系老师讲完唐诗以后，会让你写一首古体诗，要求遣词造句、韵味也要像唐诗，谁更像唐诗，谁得好成绩。等我们上大学考试的时候，我们的考试是让学生解释唐诗繁荣发展的原因。所以，你就能从中看见"知"和"能"的差别，能力的培养是最关键的。这个公式特别好，就是知心、尽性，知物、知天。知了物性以后，才可以说知天，不知道物性的时候，你宣布知天，那是很搞笑的。

前面说的努力改造可以"致君尧舜上"，也可以叫民当韭菜，这真是不确定的，怎么办呢？最好保持"中"，保持"中"了，就可以避免"过"和"不及"。

"诚" 的六种状态

其次致曲。曲能有诚，诚则形，形则著，著则明，明则动，动则变，变则化。唯天下至诚为能化。（《中庸》第二十三章）

至诚之道，可以前知。国家将兴，必有祯祥；国家将亡，必有妖孽。见乎蓍龟，动乎四体。祸福将至，善必先知之；不善必先知之。故至诚如神。（《中庸》第二十四章）

心和物的关系靠"诚"。"直心是道场"，心学认为良知就是"直觉"。"直"还不是最严峻的考验，下面才是严峻的考验。是什么？"致曲"，拐着弯达到最高境界那才是难的，那才是大考。"致曲"除了说明至诚能化的道理，还彰显了中华文化的"水性智慧"：随体赋形，遇圆成圆，遇方成方。形而上的"诚"可以尽情形而下地"化"，这是生生不息之天道。

"曲能有诚。诚则形，形则著，著则明，明则动，动则变，变则化。唯天下至诚为能化"。这就复杂了，这里面有一个形则著，就是内在的诚表现出来，并日益显著后，它就会变得光辉明亮，光辉明亮了就会感动人心，感动人心了才能变革人心，感化全体，所以，只有那天下最诚的人，才能达到感化别人的神奇境界。

中国有个成语叫春风化雨，"至诚之道，可以前知"，尤其下面这两段话，文人最爱说，"国家将兴，必有祯祥；国家将亡，必有妖孽"，这就是"见微知著"。你看见妖孽了，你就知道这个国家大概率快不行了，你看见祯祥了，那这个国家该兴了。但这也有问题，问题会出在哪儿呢？比如，嘉靖当皇帝四十五年，他儿子都快熬不过他了，老等着那个祥瑞的出现，于是各地人都去找祥瑞，搞全国献祥瑞运动。现在有一种文体消失了，叫青词，青词是道士祭祀天地神明的祝词，因其用朱笔写在青藤纸上所以叫

　　　　　　　　　真功夫，大智慧：四书精讲

"青词"，严嵩为什么能垄断相位，牢固地当相，就因为他青词写得好。像严嵩这样的人就叫妖孽。

国家将亡，必有妖孽。这都属于理想主义的神秘化思维，给理想主义兜底的是神秘，没有神秘的环节，理想主义的社会动员力不是很大。

下笨功夫，得真智慧

诚者，自成也。而道，自道也。诚者物之终始，不诚无物。是故君子诚之为贵。诚者非自成己而已也，所以成物也。成己仁也；成物知也。性之德也，合外内之道也，故时措之宜也。（《中庸》第二十五章）

《中庸》的作者有一个作战目标，即他想论证"诚即道"，就像我前面说的"心即理"。"心即理"这个公式如果能通，"诚即道"这个公式自然就通了。倒着说，"诚即道"这个公式要能通，当然就"心即理"了。但是《中庸》原文写得非常真诚，"诚自成也""道自道也"，朱熹特别注了一下，这个道读成"导"，道，是导它自己的，它是个导航，是个指引，"道自导也"。《中庸》想论证"诚即道"，但是，诚是诚，道是道，这没有办法论证。比如，鲁迅笔下的祥林嫂，真诚那一定是没有问题了，绝对真诚，身家性命，一生幸福都赌进去了，但是她开不了窍，得不了道，总以为迅哥识字，能给她一条光明之路。

真诚不像《中庸》说得那么万能。《中庸》里面有一个主题句相当于"诚者无敌，诚者无息，诚者自久"。只要诚了，就都可以了。《中庸》后半段，都是那种意境化的描述，"你一旦诚了，天地也通了，东方也红了，天下都归顺了"，其实这都是畅想曲。这种畅想曲有给人以希望的地方，美学的本质是给人希望的，美学即使描写再苦、再难、再黑暗，但描写本身就是一种克服。

《中庸》这章往后都是美学意境化的描述，不是分析，也不是论证。你们感兴趣就自己去看，不感兴趣，我讲你们也不一定感兴趣。下面我从原理上把《中庸》的这个"诚"给大家点透。

唯至诚能化

过去我讲过"心即理"，它的目标是让你把"心"抬高，不是要你把"理"缩小。读《红楼梦》，道学家看见淫，才子看见缠绵，革命家看见排满，流言家看见宫闱秘事，这是各自的心不同导致的。他们用自己的心领自己的一份理，这是不证自明的。但是，说"心就是天理"，那就是上升。当这个心变成良心的时候，它就是天理了；当这个心变成良知的时候，它就是天理了，所以老百姓常说"天地良心"这个词。

我们平常讲的"心"，都是我们各自的私心。因为各自私心的不同，有人成了"狗"，有人成了"猪"，有人成了"凤凰"，有人成了"鸡"。所以说，雄鹰如果没有了翅膀，它就会成为猎物，善良如果没有能力，就会像雄鹰没有翅膀一样，会成为小孩子的猎物，小孩子用弹弓就可以打它。

我小时候佩服列宁，列宁有一句话说，鹰有时候比鸡飞得还低，但是鸡永远飞不了鹰那么高。我八九岁的时候知道列宁是伟大的导师，但是不知道导师是什么意思，不知道马恩列斯的理论，但是对他这句话记得特别清，这就是"心即理"。让你的心变成良心，让良心经过理性的陶冶，沉淀为良知，这时候，我们的良知就是天理了。其实这个天理还是道德的，还是伦理的，不是物理的。这就不能通了吗？能通，过去讲"道即是通，通才是道"。

昨天听一位老师讲了一个特别好的故事，他说复旦大学教授谢遐龄老师说"'道'就是'人民生活'"。这个老师听了之后眼泪都下来了，给谢老师写了一封信，说你这四个字能让我多活五年。什么意思？如果我不看见这个，我还要多摸索五年，结果看见这个以后，我一下子提前五年悟了。就是因为这种真诚的交流，这个老师后来成了谢遐龄的学生，这是一种文学性的感动，这种感动的例子很多，很有感染力。

有感就是人，没感就不是人了。这里面的工作原理是什么？就是"化"。这句话，就是"诚者自成，道者自导"的前头一句话，"唯至诚能化"，只有至诚才能"化"。"化"简单地讲是"顺化"，用至简的话讲，这个"化"是"顺变"，"化"是顺着，顺着你的来势去"变"你。和"顺变"形成对应的就叫"逆改"，就是倒行逆施、改天换地。要是"顺变"，就不用规定了，顺变还用你规定？让你拿嘴吃饭不用规定，叫你必须穿戴整齐、西装革覆地吃饭，这叫规定，这就不叫"化"了。再往后说这个"化"，它不是"化"别人，首先是"化"自己。《大学》《中庸》都是从孔子那里来的，孔子回答颜渊问仁，"克己复礼为仁"，必须克己。

我已经在向《论语》过渡了，《论语》篇幅巨大。"克己复礼为仁"，"克己"的要害是不要"意必固我"，子绝四：毋意，毋必，毋固，毋我。克己就是克我，克己的最后境界是无我。佛法上也讲破我成佛，破一份小我，成一份佛。"我"是病根，这个是共通的，"吾所以有大患者，为吾有身"，这是老子的话，忧患、病痛、苦难，所有东西的根源就在于人有这个肉身，"及吾无身，吾有何患？"

做自己的太阳

"唯至诚者能化"。首先是克己，感通万物，"化"对自己来说是克己复礼，自己以外的叫感通万物。"克己复礼为仁"就是克除"意必固我"之后的一个成果。毕加索评论梵高说他是在做自己的太阳。这句话太好了，王阳明的"我性具足"就是做自己的太阳。所以，要说心学有一个终极理想的话，就是做自己的太阳。大家都想这样，但是能做到的人很少。

人之所以会痛苦很多时候是因为自己的无能，所以"知能并重"是个纲，整个美学都是培养这个"能"的。科学知识论先可以培养"知"，你不知道分子式你怎么去做实验？能是直给，直达，"直方大"。克己克到什么程度？克到虚静的程度。这是儒释道共通的，"虚实生白"，无任何杂念，就能悟出道来。

儒家讲的是什么？不虚就不仁。我有个很好的大学同学，我们是老朋友了，当我刚有了女儿，他到我家来，我说，你见了我女儿怎么一点反应没有？他说，自从自己有了儿子，看别人的孩子就都没感觉了。我说，你还诗人呢，看到所有的孩子都有感觉才是诗人。当时我觉得他成不了诗人，后来发觉我也是这样的人。我现在举的这个例子是为了说什么？不虚就不仁，必须"虚"。有孩子跟没孩子一样，看所有孩子都是石头，这种人也有，人文的东西没有固定的衡量标准，就在这里。

虚了就仁了，不虚则不仁，这是没有问题的。史玉柱成功的时候讲学习、讲励志，是没有太多说服力的。因为他的脑子根本不在这儿，嘴上说说而已。人顺风顺水的时候，他说的道理都是别人的，只有摔倒、跌倒了，再爬起来的时候那道理才是自己的。

宁波有个裁缝给中了进士的人做衣服，问多大岁数了？三十。二十做衬衣前头留长点，因为三十岁中进士，肯定意气风发，他走路一定是昂着头的，前后就差那么一小点，但是衣服穿起来特得体。那个多大了？五十了。五十后襟留长，五十岁熬得差不多了，他肯定后背驼起来了。而且也知道功名利禄是怎么回事了，不会趾高气扬了，就差那一点。所以那个裁缝特有名，因为把衣服做得得体。人能掌握那个微妙的度，这个动作就叫"虚"。

"通权达变"中那个空灵处叫"虚"，虚了才能静，静

真功夫，大智慧：四书精讲

了才能虚。虚和静的关系，是一个同生共长的关系。虚静是刻画"诚"的，唯至诚无息，唯至诚能化。这个人态度很诚恳，你跟他说话，他不跟你抬杠，至少先听听你说了什么，他想听的那个瞬间是虚心的。虚静是"建体"，动直是"致用"。虚静功夫做好了，就是有了未发之"中"，练得有话不说，含默着内心的未发之"中"，就像丹田气似的，不是说想有就有的，这要练，反复地练。心里头有了喜怒哀乐，不发，那叫"中庸"，我前面讲的"中"就是说这个。没有发出来的那个叫"中"，发出来而且是对的、恰当的，那叫"和"，"发而中节谓之和"。《中庸》的主题就是"致中和"，虚静当中建了这个体，有了这个未发之中，然后你再动就可以了。

"直"在中国的含义特别大，《坛经》里面讲"直心是道场"。"直"用西方的词来解释就是直觉，艺术直觉的直觉就是这个"动直"。两军对阵，根本忘了所学的招式，一刀过来，死活就是下一秒，那个第一反应的东西就叫"直"。所以说，五祖跟神秀不是说吗？抡刀上阵你才能见得性，像神秀那样掂量掂量，琢磨三天五夜，又怕写好了，又怕写坏了，怕同学看了，又怕老师说不是。这样合计来合计去的话，抡刀上阵都死二十遍了。一合计就不直了，一合计代数几何出来了，伦理学也出来了，厉害是非都来了，这个时候就都不是直了。

为什么侠能成儒？为什么子路"闻人告知有过则喜"？君子一日三省吾身，子路不过夜也要改掉自己的错误和缺点，当天就反省改变，不放到第二天去做。当然子路也死得快，他不该死却非要送死（子路为被逐出国的卫出公不平，愤而赶往卫庄公处问责，被卫庄公蒯聩的卫士们杀死，子路坚守孔子节义，且好勇，不去可以不死，但他却主动赴险境，被杀死）。子路的这一套行为习惯换成现代汉语来表达就是"下笨功夫，得真智慧"。这个"诚"，别说得那么玄妙，就是我们每时每刻都要下笨功夫。

为什么是郭靖这种看起来笨笨的人登顶了武林之巅？这是中国文化的特点，能达到最高峰的不是杨康，永远是郭靖。杨过夫拜郭靖他们为师，他师父和师娘让他天天背《大学》《中庸》《论语》。小时候跟我女儿一块儿看这个片段，我女儿哈哈大笑，我女儿知道《大学》《中庸》《论语》不是武功，她知道把《大学》《中庸》《论语》背过了，武功也不能包打天下，觉得他师父和他师娘逗他呢。但是，我是大学老师，我知道这个道理，别人尊敬郭靖为大侠，不只是敬重他的武功，更是敬重他的精神。

"下笨功夫，得真智慧"的含义就是"诚"，就是唯至诚能化。诚了以后能干什么？诚了以后能感通万物。别居高临下，在竹子的面前你也别居高临下，竹子比你更符合天道。我就对居高临下特别敏感。

《论语》

叁

孔子到底想讲什么？

　　梁漱溟说："孔子'十五而志于学''三十而立''四十不惑'，他学的是什么、立的是什么、不惑的是什么，我们一概都不知道。但是，我们知道他是干这个的。干什么的？用今天的词来讲，就是把生活思想化，把思想生活化的。"但是，罗庸解释"孔子十五而志于学"，学的是"礼"。罗庸用的内证法，《论语》其他内容说过的，他学的内容是这个"礼"。"三十而立"，立的也是这个"礼"。

　　根据一般的解释，"礼"就是一种从外头来的规定，是一种等级秩序，这是新华字典级别的解释。像《辞源》《辞海》这类字典级别的解释，那就又复杂了，但这只是外部的解释，不是根。

　　《论语》里有一句话，叫作"恭而无礼则劳"。你对我很恭敬，因为我是老师，你是我的学生，"无礼"是你内心里没有礼的情愫，你就会很累。从这里就推导出"礼"

是一种内在的尊敬，而不是外头来的规定。虚情假意是他内心里不服，但面子上还要做够，这叫"恭而无礼则劳"，劳人苦命说的就是这种情况。比如那些爱宠物的喜欢遛狗，他就不觉得累、不觉得难受，因为他对宠物是发自内心的喜欢，这也就是为什么说"知之者不如好之者""好之者不如乐之者"。因为达到了一种"动而直"的喜欢，就能做到享受，从而没有劳苦的感觉了。

如果没有这种"喜欢"，叫他遛狗，他烦死了。遛狗，要给狗穿马甲，蹄子上绑套袖。有一回，我看见一个老太太的狗吃了别人的东西，她教训它，又舍不得打，但是又要给它规范，就轻轻打它。我就想到，小时候我奶奶打我大哥就这么打，她从上头往下打，其实是给他拍土。要真打得横着打，他站那儿横着打，躺着要垂着打，这才是真打。竖着打是在给他拍土，又要表示打，又要不打疼，这叫艺术。所谓的"艺术"，就是这样一种微妙的东西。

孔子讲"仁"，荀子讲"礼"，孟子讲"义"。"仁"后来分叉，分成了"礼"和"义"，"义"有偏气。孟子讲"气"，方法就是"知言养气"。孟子的美学观就两句话，一句是"知人论世"，一句是"知言养气"。你们中学时代语文教科书上学一篇文章时，先阅读作者介绍，那就是先

"知人"，而后面所谓的时代背景就是"论世"，课文的主题是"知言"。"知人论世""知言养气"，这就是孟子。这里的"义"就偏精神了，有点像"精神原子弹"。王阳明也属于这一路的。

荀子偏"礼"，"礼"偏客观的一面。自古以来就有两派，就气质而言，孟子和陆王这一派更合乎章太炎的心意，这是老革命家的心性。但是，作为一个纯正的学者，他知道荀子面对的问题更大，铺设得更开，更能应对现实。荀子给中国的儒家政治、管理哲学提供了更多的思路。章太炎还是觉得荀子的作用更大，这是意外。我总觉得他应该说孟子好，应该沿着宋儒的说法，孟子是正宗，荀子是欺师灭祖的叛徒、卖身投靠。

荀子本人毫无疑问是个纯正的大儒，他能入之于儒而出乎于儒，并兼采诸家，不受一家一人之所囿，思想更为开张宏阔，言论更为光彩犀利。但是，他提出的"逢其欲"这种学说，一旦开了讨好权势者的口子，"逢其欲"了之后就该"逢其恶"了。奴才的理性就是"逢其恶"，迎奉着他的恶。这一路从事实上看占大头，这一路从面子上看也更光鲜。

在孔子的时候还没有这个问题，孔子"温粹"，又温和，又纯正，该出手时就出手。孔子力大如牛，他爹是个武士，是春秋的三大勇士之一，能把一个城闸与闸门托起来。这有点像冉阿让，冉阿让能把坑里面的大马车用肩膀扛上来。

孔子讲"仁"，《论语》里关于"仁"的内容是多侧面与多角度的，最核心的是"克己复礼为仁"。"克己复礼为仁"的含义就是不要有"意必固我"的观念，"意"就是猜测，我认为、我以为、我觉得之类。"必"就是昆德拉小说中说的"非如此不可"，我们的社会中，上至精英，下至普通百姓，认为必须要怎么样、必须要干什么事等诸如此类的人太多了。

为什么孔夫子会讲到"无可无不可"？"无可无不可"就是"虚静"，如果要是必须怎么样，那就是"必"了。"固"是"固执"，固执己见，错了也要坚持，越错越要坚持。比如，很多软弱的皇帝，一说话他就意识到自己错了，但是他又不能错。秦二世想改，赵高说不能改，你要一改，大臣们就看不起你了，坚决不能改，继续扩大那个错误。

"意必固我"中没有"我"，就没有前面的"意必固"。"我"是因，"意必固"又强化了这个"我"，永远走在错误的路上。"破我成佛"，破除我执就可以学点东西。就是学普通的东西也要有虚心的态度，要是没有这种虚心的态

真功夫，大智慧：四书精讲

度，跟圣人在一起也学不到东西。

"十五而志于学""三十而立"，还有一个大家都知道的名句叫"立于礼，游于艺，成于乐"。孔子之所以是圣人，因为孔子是一个学习达人，跟孔子的学习能力有得一拼的可以算王阳明一个。心学强调"无善无恶心之体"，就是要达到"虚静"，做到不偏食。

我想要吃饺子，但你让我吃烧饼，我就不吃，你杀了我也不吃，这就是价值的知行合一。这种人是义贯长虹的，像文天祥似的。其实这也是市场和需求的问题，宋朝都快灭亡了，这个时候还说什么"礼"？这时候最需要的就是文天祥的这种正气，"天地有正气，杂然赋流形"。元朝的人跟他说，你投降了，宰相就是你的，要换作别的人可能立马就投降了，还可以美其名曰这是为了让中原人民少受苦难，这种人有很多。冯道的名言，"我从道不从君"，他一辈子伺候了五个国家的皇帝，还不是一个朝代的五辈，而是伺候了五个国家五个种姓的皇帝。"从道不从君"，无论是谁，只要用我，我就能把工作做好。

今天有个主题，讲"事和理"的关系。纷纷世事无穷尽，但各种事后面都有个不变的"理"，"四十而不惑"就是能够洞察和把握"万事万物背后的那个理"了。这就是朱熹所说的"格物穷理""格物致知""穷理尽性"。朱熹的说法有一定的道理，朱熹是研究派的，我们现在的研究生，就要用朱熹的这种态度对待学习。王阳明是创作派的，他主张要写出自己的东西来，就是自己做自己的太阳。创作这一派就是主张"诚意正心"，先把自己立住了。

这个世界需要搞创作的，也需要搞研究的。有的人天赋适合搞创作，有的人天赋适合做研究，让适合做研究的搞创作，就难死他了。梁启超给蒋百里的书写序，一天一夜写了一万多字，写着写着比原作长了，如果叫他写首词，可能两天两夜都写不出。梁启超的思想是原创的，他思想的创新力量是很大的。但你如果让他搞骚人墨客这套就不行了，这个就叫"性"，"天命之谓性"的"性"，说的就是这个。

真功夫，大智慧：四书精讲

孔子到达了什么境界？

《论语》里讲"四十而不惑，五十而知天命"。"五十而知天命"本质就是见了"性"。孟子讲过，儒学的公式叫"尽心知性"，或者叫作"尽性""尽己心""尽物性"，然后"知天命"，这个"尽"就是最大化。"尽己之谓忠"，把自身的劲儿全使出来了，这叫"忠"。

《中庸》第一句，"天命之谓性"，这个"性"就是"命"；"率性之谓道"，这个"性"就是"道"；"修道之谓教"，这个"道"就是"教"。尽自己的心，就能够见自己的"性"。"志于学""立于礼""四十知物性"，知道万事万物的"性"，才能够看见上天赋予自己的"性"。佛家讲，达到"明心见性"之后，就可以当不退菩萨，再也不会像凡人一样在六道轮回里了。

曾经我找过好多书，总想找到"明心见性"以后是什么样的，后来发现"见了性"以后是该干啥干啥。不说玄的，就说慧能，他见了"性"以后还是这样，而且又去跟着仡佬族的猎人队伍打猎去了，打了十六年，那个叫什么？叫保任，就是保住自己的见性能力，其实是保住这份"见"。

"性"已经这样了，喜怒哀乐未发的"中"，怎么能保住这个"中"？孔子说自己能保一个礼拜，颜回能保一个月，其他人一天都做不到，慧能能保十六年。慧能说，"不是风动，不是幡动，仁者心动"。大寺院的住持给打柴的、打猎的、不识字的惠能剃度以后，再拜他为师，开始跟他学。

见了性以后就可以沿着性而行了，"率性之谓道"。找着那个"性"，才能沿着这个"性"，才上了轨道。就上道不上道而言，有些人一辈子不上道。一个练太极拳的，我小时候就看他练，我现在回去看他，他还这么练，他让我教他改变，我说你不能改，一改，你连原先的也没有了，就这么练吧。你看这挺好的，练得不闹病算了吧。他永远不知道太极在哪里，因为他没见性，也没上道，他没上了道的这种"教"，只能是重复，只能是循环，多练一天还是那德行，他不能够自己给自己安装火箭往上突。这叫"五十而知天命"。

"六十而耳顺"，"耳顺"当然主要说的是环境，圣人

真功夫，大智慧：四书精讲

是从耳入的，耳能入神，最早给音乐下定义，把音乐称为天国的声音。耳是一千二百功德，眼是八百功德，眼看前，看左右，但不能看后，耳朵能听环绕声。"六十而耳顺"，这个"顺"其实也有"化"的意思，化到了"不思而得"的程度，就是不用再思考，直了，就是"直心"了。"直心是道场"的这个"直心"。这就叫"诚"了，这个时候圣人才是圣人。

"十五而志于学"的时候，孔子跟你们一样。孔子五十开始学《易》，有个成语叫"韦编三绝"，这就是指孔子勤读《易经》，致使编联竹简的皮绳多次脱断。小时候看古人勤学的故事，第一个就是韦编三绝的故事。

孔子说，如果"假我以年"，老天爷再给我点年头，再好好学《周易》，就可以不犯错误了。有了这个功夫，他才能"六十而耳顺"。老百姓讲话，听了啥事情都不着急了，骂他王八蛋，他说感谢你，这叫"耳顺"，这是佛系解释。

佛系是忍辱功，你来辱我就是成我的，是来减我的业添你的业的，你把我骂成王八蛋，结果我成了王道了，你成了王八蛋之道了，这也是一种搬用，对凡人来说，这是可以的。就真正做人的一种能量上来说，到"耳顺"的时候就能"化通万物"了，就已经彻底通了。我有个跟这不沾边的感觉，虽然我是个唯物主义者，但这是个唯心主义说教。就是过了六十岁以后，我发觉自己看书省劲了，这是不值得炫耀，也不值得自我批评的一种特点。

我买了本华罗庚的《数论》，我一辈子数学不好，六十再看《数论》也能看。最早看爱因斯坦的《相对论》，不知所云，现在看也能看。有个学生说，老师你讲一下量子缠绕吧，我说真讲不了，要敢于说讲不了，我讲量子缠绕就把我绕里头了，成了线圈了，自己把自己给转了。

能打通的地方多，这也是一种"顺"，通顺。通顺，文从字顺，通了才顺，顺了才通，这个通顺很重要。你们从小写作文就被要求做到文从字顺，但现在好多大学生的论文都远离文从字顺。

"七十而从心所欲，不逾矩"。规定和规矩是两回事，围绕规定、规则、规矩，可以写一篇很好的文章，规则净捉弄规矩，规矩净捉弄规定。

《论语》这部书是孔子晚年的生活语录。孔子招收学生讲学，起起伏伏的好几个过程，好几个段落，就不具体讲了。直接说"子曰"的，这是孔子的学生，是曾子与由子，他的学生直接记的。

古人文字简洁是因为书写工具艰难，书写材料昂贵。

唐代在绢上写"经"，那是老百姓望尘莫及的。我看过唐代的用朱砂笔写在绢上的"经"，那都是贵族们的生活，像打柴的慧能是看不见的。但是，看见的人没开悟，慧能开了悟，这叫苍天有眼。

凡是写"孔子曰"的，你看《尧曰篇》里面的"孔子曰"，还有其他的"孔子曰"，都是孔子的徒孙，要么是言偃的学生，要么是曾子的学生所记录的。

《论语》的主要贡献者是言偃和曾子。孔子死了以后，还得竖个偶像坐在这里扮老师。传说言偃长得最像孔子，就让言偃坐在那里，这个叫"尸位"。古代的祭礼，最受尊敬的对象放在尸位上。

在古代，尸位是最高的礼遇，最高的待遇。让言偃当孔子的"尸"，其他弟子对着尸位磕头，当了两回，言偃不干了，他觉得辜负如来辜负卿，不好意思。言偃记得多，他的学生也跟着记录。

再者是曾子，曾子就是"生也鲁"，下笨功夫得真智慧的那个，第一个成功的就是曾参。曾参就是笨笨的，那伙儿同学中，估计属他最笨。子贡就是个很机灵的，敲敲头顶，脚板亦会响的那种，透了气的人。颜回是另外一种，颜回叫"愚"。

孔子原以为颜回愚，跟他说什么都没反应，也不反驳，你说什么好像在跟空气说似的。不是这样的，颜回是"闻一知十"，他听一个声音能从八个角度再回应。所以，孔子说，原来"回也不愚"，颜回不愚。圣人认识人也有一个过程，孔子就检讨，因为听其言，没有观其行，因言识人，就是以貌取人，"以貌取人，失之子羽""吾以言取人，失之宰予"。总之他也有失误，圣人有失误就说出来，不装蒜。

《论语》是"四书"的灵魂，也是后面各种经的灵魂。孔子的孙子子思——子思是孟子的老师——开"思孟学派"，思孟学派的门徒编了《大学》和《中庸》，所以说《大学》《中庸》里面有很多"子曰""孔子曰"，来作为"圣言量"，来证明《论语》。

孔子"从心所欲，不逾矩"以后，就战胜了时间，也战胜了空间，已经能与天地精神相往来了。孔子七十三岁就死了，孟子八十四岁死的。

《论语》因为有家常话，不温不火的，所以比较"温粹"，不过激，能够被历代人所接受。像《孟子》就总被一部分人接受，被一部分人反对，因为它太有"我"了，太偏激了。

后面的各种"经"也不断地在增加，段玉裁非要加

《说文经》，把《说文》也列成"经"。所以，"经"也是人造的，一开始有"四经"，后来有"五经"，后来有"六经"，后来有"七经"，后来有"九经"，最后进成"十三经"。如果段玉裁那个《说文经》加上来了，就有"十四经"了。如果我现在定了《传习录经》，又多一个"经"，所以这"经"是人定的。

尼采的名言，"真理是解释出来的"，然而"人是能解释任何真理的"。学中国文化，学孔子，学儒学，不要抱着这种迷信的思想，我们就是理性的，这个理性是大理性，感性充分以后的那个理性。

卑以自牧，保持求知的热情

　　傻乎乎地自我感觉良好可不是孔子的作风，更不符合他教书育人的原则。乐道之"受用"状是贴近了天道之后的感觉，而起步必是敬畏，过程必是"卑以自牧"。章太炎说，老子胆小，这个特点构成了老子学说的特点。我们也不妨说，孔子知敬畏，这也构成了孔学的特点。

　　孔子有一条划分君子小人的界限：君子畏天命，"小人不知天命而不畏也"（《论语·季氏篇》）。人不知畏惧，有什么事情不能干呢："君子居易以俟命，小人行险以徼幸。"（《中庸》）

　　卑以自牧起源于敬畏天命，这便有了一种类似宗教的品格，但若起源于畏惧权势和患得患失，便会行成一种卑劣心态。前者是真儒，后者是乡愿，而讲究温良恭俭让则是畏惧走入不仁一路。明乎此，我们即可以理解孔夫子之所以要三唱九叹"克己""修己""自省""自讼"了。孔子说"吾欲仁而斯仁至矣",是强调主体的道德责任,不是说仁没有客观标准。当孔子以仁释礼时,礼也就成了仁的外在规定。

读《论语》会觉得满眼都是"A 而 B"句式:

> 君子周而不比,小人比而不周。(《为政篇》)
> 恭而无礼则劳,慎而无礼则葸,勇而无礼则乱,直而无礼则绞。(《泰伯篇》)
> 君子和而不同,小人同而不和。(《子路篇》)
> 君子惠而不费,劳而不怨,欲而不贪,泰而不骄,威而不猛。(《尧曰篇》)

在这种微妙的差别中,显示着君子心常异俗的界限。在是非同门的人生世相中,真是"有伊尹之志则可,无伊尹之志则篡"(《孟子》)——全看内在的差别了。礼的意义就在于建立这种差别、界限。循礼是归仁之路:"一日克己复礼,天下归仁焉。为仁由己,而由乎人哉?"(《论语·颜渊篇》)"为仁由己"是孔学的一个基石性命题。

孔夫子讲敬畏天命,不用后世俗儒之"放债法"——你敬天便能获得好处,不敬便要遭殃。孔夫子只讲:

不知命，无以为君子也；不知礼，无以立也；不知言，无以知人也。（《论语·尧曰篇》）

世界是大家的，不知命，便不会守持合理的界限，便会流入"狂而不直，侗而不愿，悾悾而不信"（《论语·泰伯篇》）的奸妄行列。逞其私智，说过头话，做过头事，都是远仁害礼，不畏天命的表现。孔子不讲上天降灾之类的恐吓话，但他说，破坏了合理的界限会引发混乱。所以，就连国君也需卑以自牧，不能为所欲为。因为任何情况都包含一种双边互动的关系，维持其和谐，要求一个"恰好"。

季康子问："使民敬、忠以劝，如之何？"子曰："临之以庄，则敬；孝慈，则忠；举善而教不能，则劝。"（《论语·为政篇》）

孔夫子的"礼论"不是片面的道德要求，而是双向的规范，尤其强调内在情感与外在形式之真实的合和，在表示尊敬的礼仪中若无真情实感则非谄即欺。对那种内心不虔诚的毛病，孔子也没办法；对盲乱地践踏礼法的国度，孔子也毫无办法；只有自己越发小心谨慎而已。如果可以选择，则"危邦不入"，如果既已入之，则"逊言危行"，与"邦有道，危言危行"变了一个字——变"危言"为"逊言"，由发高正之论变成谦逊慎言，行为当然更要严正一些，不能被人家找出茬来。孔子的仁学思想既强调爱人，也强调"爱身"。明哲保身只要不悖道连仁就无可指责。孔子反对暴虎冯河，他主张"虑而后动"。

无论是谁要想保存合理的界限，都必须恪守恕道。"爱之欲其生，恶之欲其死。"这种极端化的风格是对自己也毫无好处的（《论语·颜渊篇》）。若是"己欲立而立人，己欲达而达人"（《论语·雍也篇》），便进入了博爱文明的境界。每个人都能做到"己所不欲，勿施于人"（《论语·颜渊篇》），人与人之间便有了公正合理的交往尺度。可惜这往往只是弱者才想起来的格言。

作为一个思想家，孔夫子也只能"诱"人来相信他的学说。所谓的"天将以夫子为木铎"，也是说上天派夫子来做化诱的工作而已。对于像颜回这样有善根的人，孔子的化诱极见功效。颜回曾感叹："夫子循循然善诱人，博我以文，约我以礼，欲罢不能"（《谕语·子罕篇》）。这两句话揭示了孔子礼教的特征。诱人就是教，被诱则受了教育，博学于文是"自牧"的重要节目，孔子办学实行的是终身教育，他本人更是学到老的榜样。约之以礼，则是

真功夫，大智慧：四书精讲

"卑化训练"了，"礼者，尊人而自卑也"（《礼记·曲礼》）。慎言慎行，如履薄冰，如临深渊，的确是儒门家风。但孔夫子的本意不是要驯化人，他只是要求永远自觉地改造自己。明儒有言：论工夫，圣人亦无有歇手时。

没有卑以自牧的情怀，就没有了"敏而好学，不耻下问"的求知热情，也难有"不迁怒不二过"之向善的动力了，谁还讲究知进自止、行动中节？那样，讲究人能知天尽性的孔学就要变成沾沾自喜的小人哲学。

张岱在《四书遇》中也许说得太简单了："千古圣学，惟有小心而已。"不过，却符合孔夫子反复申言的"先难后获"的"自牧"原理。

"学"：儒学的出发点和基础

关于"学"，有两条解释路线。一条解释路线就是"效"，"效法"是学习的意思，"效"就是以它为法，这是一条路线。荀子以降，包括程朱大骂荀子，但是在这一点，他们是一样的，都是讲究法先王、法圣人，总是外面有一个权威，有一个真理；你努力地去学习他，模仿他，以他为榜样，以他为目标。

"效"跟"孝"音同义近，中国汉字如果声音相同，意义也基本相近，这是顾炎武的重大发现。顾炎武说，他毕生所学见《音学五书》，《音学五书》的原理就是"因音求义"，通过声音来求义。过去都说，中国文字是象形文字，象形文字怎么以音来求义呢？顾炎武有大学问，做了很多考证，"孝"边上加个"文"，就叫"教"，有了孝道文化以后，就有了中国文化的教化原理。"孝"就是父亲死了，三年不改为父之志，这还是效法古人的规范，这就叫"礼派""规范派""规定派""规矩派"，谁规定的？圣人规定的。这一套东西，其实王阳明一派叫"觉派"。"学"就是"觉"，就是人的知觉性、觉悟性，从因上说是"知觉"，从果上说是"觉悟"。

王阳明讲，"学"根本不是有一个套子让你去钻，钻得严丝合缝就能成功了。像朱熹那样穷物格理，求之于外，就是误了。"悟"跟"误"，音同义也相近，迈过去就是"悟"，差一点是"误"，过犹不及，在"悟"与"误"之间就差一点，"差之毫厘，谬以千里"，这是关于"学"的两大脉。

李贽就说，这些教主们都是骗子，都是诱惑人的。他就说颜回讲过，"夫子循循然善诱人"，夫子们用小鱼食，带着小鱼钩，就把我钓过来了。李贽说他们是骗人的，主要是指这个循循善诱的教育方法。孔子从来不说，你应该怎么样怎么样，他跟现在的班委会、居委会主任不一样，现在的班委会、居委会为啥这么理直气壮呢，因为有规定给他作主。孔夫子没定规定，谁给他定的规定呢？周公已经死了好久好久了，但是孔子说"我不复梦见周公矣"，郭沫若对这句话的解释是什么？他说这时候孔子的水平跟周公一样了，周公不再是他追膜的一个目标了，所以他也不用再梦见周公了，我小时候读了这个解释，对郭沫若佩服得要死。

《论语》的第一篇叫《学而》，《学而》的第一个字是"学"，"学"是儒学的根本。有人说中国没有宗教，只有"教育教"，其实"教育教"还不是最根本的概括，应该是"学习教"。"教育教"就是居高临下，弄个模版，让你去效法，钻进来。"学习教"就是王阳明的"觉悟教"，这个具有主动性，它不是让你去生搬硬套，而是要学以致用。

一个人要想成才，需要具备胆识才学，过去把这个叫"力"，其实应该改成"量"，"量"有两个东西，一个是态度，一个是思维。其实学习需要系统性训练的，你看搞测量的人往那儿一站，他要给一个地方绘一个平面图，不能电子扫描，怎么办？就要找好测量点，把几个测量点打出来以后，一推导就能推出这个图来了，学习也是这样，要用系统性思维抓关键点。所以说思维很重要，我们还天天讲高维打低维，坦克车是钢铁洪流，二战以后它是制胜法宝，但是在巡飞弹面前，坦克就是活棺材。有人说两个国家的竞争，除了别的竞争以外，还有两个国家的大企业的竞争，美国的企业家说中国的顶尖企业没法跟他们竞争，马云一笑，"我们不讲竞争，我们讲合作"，马云改用美学战胜了科学，这个是态度。

思维跟态度，也是混在一块的。我们文科生从小到现在的学习，所使用的很多思维都是类比思维。类比厉害在家常上了，厉害在和日常生活息息相关。科学家进了实验室，他面对原子反应堆，看的是另外一个世界，碰撞到另外一个世界，等他回到生活里面去的时候，就要回到文学思维里去了。文学思维是汪洋大海，它最柔软、最家常，但最持久。

　　讲到"仰之弥高"，想到一个段子，樊登问俞敏洪的助手董宇辉，"许多人说你比俞敏洪的影响还大"，樊登就教董宇辉说，你应该像子贡学习，子贡说自己就是个矮墙头，说大家都能看见我，是因为从我这个墙头一进去，就看见里面了，一览无余，但是孔子就像一堵高墙，人们站在它的外面看不见里面是什么样的风景，所以人们不知道孔子知道我。樊登拿这个类比去讲《论语》，老百姓就比较容易接受。

　　诸如"仰之弥高""钻之弥坚"这些句子只能给学生讲。颜渊说老师的学问和品德，仰望它的时候就越觉得它高深莫测，钻研它的时候就越觉得它坚不可破。这说的是孔子的整体性，"孔学"又很像生命学，它是活的，是整体的。就像梁漱溟说的，是"生活的思想化，思想的生活化"。所以孔子的好多话都是家常话，家常话里反而含了更深刻的哲理。孔子说了这么几句家常话就三千年巍然屹立，所以周辅成说孔子这种人比亚里士多德、康德还要高明。

颜回是完全抱着学习的态度跟老师学艺的，他是来老师这里充电、吸收营养的。他的这种态度，被王阳明嘲笑过，他有一次跟学生讲到颜回，然后说"善诱人"。因为王阳明主张善思、善看，意思就是无论你做什么，都要巧妙地拿钥匙开锁，而不是用锤砸锁。其实做老师就应该会善诱，要去做那个药引子，而不是去做苦力，这也属于"效法派"的。

对于初学者应该怎么办呢，要"博我以文""约我以礼"，就是先打开学生的知识面和眼界，以及教会他们方法论上的知识，让学生去看见更大的世界。这是颜回的解释，也是王阳明嘲笑他的原因。"博我以文"，就像是井底之蛙一下子到了湖里，然后从湖再到海，从海再到大洋。总而言之，这就是态度和思维，它总是一个不断打破的过程，靠什么来打破？只有靠"博我以文"。"博我以文"就是穷尽性地去占有资料，这个好听，但不好用。为什么不好用？因为不现实。

"博我以文""约我以礼"是"学"的两个阶段，学得多了以后，就要由"博"返"约"，万化根源总在心，然后再收缩回来，再"约我以礼"。"博我以文""约我以礼"，都属于"效法派"的。齐白石说，"我七十以前是临摹，我七十以后是摸索"，这样说的话，颜回完蛋了，他三十岁就死了。

"而"：中国文化的奥秘

"而"很重要。冯友兰阐释"无极而太极"，认为这个"而"就是中国文化的奥秘，中国文化就是在"而"上做文章的。《论语》里面可以找出好多"而"来，比如"学而不思则罔""思而不学则殆"，要没有"而"就不行。《中庸》最理想的境界就是"尊德性而道问学"，这是在《中庸》里偏后的结论性语言，意思就是无论我们的学习、做人，还是让我们在社会上立住脚的这一套东西，都有两个方面的逻辑，一个是"尊德性"，这是纵轴上的；一个是"道问学"，这是横轴上的。

王阳明最聪明之处就是，他认为"道问学"是"尊德性"的功夫。"博我以文"正好是"约我以礼"的功夫，就还是为我所用，还是"自己是自己的太阳"。只有毕加索才能看懂梵高，他看见梵高的《向日葵》以后，说这不是向日葵，这是太阳。著名传记作家欧文·斯通写的梵高传，名叫《渴望生活》，梵高把生活彻底超越了，但是欧文·斯通单从渴望生活的角度来写梵高，有点窄了。张承志对《渴望生活》这部书读得特别有感，他认为梵高因渴望生活而不朽，因渴望生活而成了自己的太阳，但芸芸众生因渴望生活而成了行尸走肉。所以这个"而"就在那一转，太极的奥秘逢沉必转，就在那一转。整个《西厢记》的剧魂，就在于崔莺莺走过去，然后再"临去秋波那一转也"，临走，又回头看了一眼张生，就看出一个《西厢记》来。

《中庸》里有两句总括的话，"尊德性而道问学""致广大而尽精微"，君子看重自己的德行和品行，再去研究大学问，然后再用心去研求那最精细的道理。这种境界谁能达到？这个在"理"上是绝对对的，但是在事上也是不可能的。

真正入德靠精微，入了德以后再去"致广大"，一开始就"致广大"就成了垃圾袋了。当然这个逻辑从原理上讲是对的——就是你再高明也是个中庸。

现在有一句居高临下的流行话——"没毛病"，说没毛病本身就是有毛病。有句俗语说"你不跪下来，是要不到饭的"，只有要过饭的人，他才知道这句话没毛病。当我说这句话没毛病的时候，我又犯了毛病。"致广大"必须要有"尽精微"协同，方能彰显中庸的高明之处。"麻木不仁"，那个"不仁"就是失去了这种精微的感觉。

为啥"惟精惟一"呢？"惟精"才能"惟一"，"惟精惟一，允执厥中"，达到中庸境界才是最高明。《中庸》里面讲，"白刃可蹈""爵禄可辞""中庸不可能也"，为什么说中庸不可能？"智者过之""愚者不及"，太聪明的人精明过头了，不去下笨功夫，傻的人他又永远够不着。总而言之，就是很难达到极高明的程度，也就是高明到中庸的程度，这是玄妙的解释。这句话无争议的人格体现就是孔夫子。

"温故而知新"，是儒学总的方法论。若说儒学有一个方法，就叫"温故而知新"，这才是大方法，它是将经验和先验打通然后去守正创新的一个法宝。

《论语》里面的"而"，还有"学而不思则罔""思而不学则殆"，其实这还不是真正的"而"高级的地方。"直而无礼则绞""恭而无礼则劳""惠而不费"，要把这几个"而"字都搞定了，我们就是好学生了，就有了文化自信了。

孔子的"穷讲究"精神

　　《论语·乡党篇》素被视为孔子的行状：也的确勾勒出了一个守礼君子的方方面面。因是可信的"第一手材料"，便一直相当于权威部门的"纪录片"而传播着。就这部片子所看到的而言，孔子居然是个"恂恂如""闿闿如"的小职员，是个迂腐可厌的"割不正，不食""席不正，不坐"的教条主义者，是个随时都在有意识地保持自己形象的人。很难相信这个"穷讲究"的人怎么可能是个"志于道"的理想主义者。这固然是礼教圣人的标准模式，但仅凭这点，他绝对不会成为令后人景行仰止的"至圣先师"。

　　《史记·孔子世家》才算完整的正传，司马迁以《论语》为基本，化议论为叙述，间采其他经传，突现出一个明确的"素王"形象：孔夫子绝非一个理想主义空谈家，而是一个存雄有术、有体有用的"良相"、帝王师；不但是一个善于改造自己的圣贤，还是个能改造世界的英雄：

> 定公十四年，孔子年五十六，由大司寇行摄相
> 事。……于是诛鲁大夫乱政者少正卯。与闻国政三
> 月，粥羔豚者弗饰贾（价），男女行者别于途，途不
> 拾遗。四方之客至乎邑者不求有司，皆予之以归，齐
> 人闻而惧曰："孔子为政，必霸。"

但是，那种"穷讲究"精神使他因季桓子"受齐女
乐，三日不听政"而离开鲁国；因卫灵公好色胜过好德而
离开卫国……绕树三匝，无枝可依，终被人讥为"累累若
丧家之犬"，更有意思的是，孔子听后却"欣然笑曰：形
状末也，而似丧家之犬，然哉，然哉！"

他有宰相之才而终甘当丧家犬，并且当得不怨天不尤
人——"子之燕居，申申如也，天天如也"。（《论语·述
而》）这就是我们要说的孔夫子的脾气，也是孔子开启的
中国纯正儒生的一个传统：士志于道，行己有耻。

自"禹传启，家天下"以来，中国就成了世界上最大
的"老板制"的单位，宰相以下皆是"打工仔"。随着社
会变动，士由贵族降而为"四民之首"，开始了"待价而
沽"的生涯，形成了"学成文武艺，赁于帝王家"的供销

关系，这些待后面细说。且说要算中国第一士的孔夫子（事实上并不是，只因孔子具代表性，姑且这样说），为什么要在宰相与丧家犬之间选择后者？简言之，就是"穷讲究"，不肯无耻。

先说这个"穷讲究"。他所讲究的正是他所志于道的形式——礼，他之"穷讲究"正是在"证道"。今天，我们已无法感受孔夫子循礼蹈节的体验了。因为，人性是个开放系统，有千年如一日的内容，也有日新月异的内容。而且我们这里只说孔夫子的脾气——他的"穷讲究"精神，这份精神已不是"席不正，不坐"等在细节上守纪律的问题了，它超越了具体，上升为一种"以理抗势"的精神、尊道不尊势的态度。

在道与势不一致时，出处成了大节。这里包含一个纠缠性的难题，跟随孔夫子多年的子路深有体会：明知道行道是不可能的了，但不出仕又是不符合君臣伦理的（《微子·子路从而后章》）。但事无道之君又远仁害义。这事实上是礼的形式与内容发生了矛盾（孔子周游列国以寻求解决，却不得不退回书斋从理论上来解决了），而且儒家强调弘毅进取，以济世救民为己任，不出仕，何以兼济天下？

这样的大节问题不讲究就易滑向"苟取"。沦为苟取，手段就异化了目的，到手了也变味了。所以，必须"穷讲究"。孔夫子讲究出了一个可操作的、落实到做人上的标准：不能无耻，洁身以进，洁身以退。

孔子以国家政治黑暗，还当官领俸禄为士之大耻：

> 宪问耻。子曰："邦有道，谷；邦无道，谷，耻也。"（《论语·宪问》）

《论语》里面，这种意思的话重复多次，也许不是编者不慎，而是孔夫子年年讲、月月讲的缘故。它如"邦有道，贫且贱焉，耻也；邦无道，富且贵焉，耻也"（《论语·泰伯》）。所以，邦无道，就必须"卷而怀之"。而且孔子为什么对颜渊评价那么高，原因之一就是他看透了，他那一彪人马中，能够做到"用之则行，舍之则藏"的，只有他和颜渊。惟修养到这种境界，才能居陋巷不改其乐，才能甘当"丧家之犬"，并昂起高贵、智慧的头颅。

为什么邦无道，还当官领俸禄就是无耻呢？这涉及儒家的一项基本原则，即著名的"义利之辨"。如见利忘义、舍道趋势，便背叛了士的基本质量。《论语》里面贯穿着一个与"仁"相表里的"何为士"的主题：

真功夫，大智慧：四书精讲

士不可以不弘毅，任重而道远。仁以为己任，不亦重乎？死而后已，不亦远乎？（《论语·泰伯》曾子语）

　　以实现仁德于天下为己任，就叫"志于道"，是士的总纲。孔子分别针对不同的学生阐述怎样才能成为一个响当当的士，中间有不少细目，但"行己有耻"是前提性的要件，它如"言必信，行必果"是很次要的。孔子已看透了执政诸公均是既得利益者，见识庸凡、胸襟狭小的"斗筲之人"，他们不入流、不足恃——"何足算也！"

　　真正能够弘道的社会力量只有不属于任何特定阶级的"忧道不忧贫""谋道不谋食"的士了。明白了这一点就能体会孔子听人家说他是丧家犬那种欣慰的笑意了。明代可入圣徒行列的吕坤颇得其中三昧：

　　以时势低昂理者，众人也；以理低昂时势者，贤人也；惟理是视，无所低昂者，圣人也。（《呻吟语·应务》）

　　孔夫子这副倔脾气本能令后代的"老板"们尴尬、难堪的，可是却被利用了去；本能使倡言君尊臣卑的后儒以

"形击"的，却被歪曲了去；惟给"死守善道"的纯儒提供着恒久的启示。

圣凡之别在于能否将理想坚持到底，孔夫子到了悲慨"将乘桴浮于海"的地步，还"穷讲究"："鸟能择木，木岂能择鸟乎?"（《史记·孔子世家》）——他要坚守士的"自由身"。

千古预言：天将以夫子为木铎

　　孔夫子恪守"行己有耻"原则，并不相当于圣雄甘地的不合作主义。孔夫子只是主张"事君以道"，道不同则不相与谋。卫灵公问他行军布阵之法，他说我只懂礼仪——"短钉之事"，并且次日就辞行了（《论语·卫灵公》）。他再次返回卫国，国君也真想大用他，他也跃跃欲试地要从"正名"入手来一番治理整顿。可是掌实权的孔文子却跟他请教攻打太叔的谋略。他只有"辞不知，退而命载而行"！正好鲁国"以币迎孔子"，他便返回阔别十四年的祖国。

　　具有讽刺意味的是，鲁国之所以要隆重迎接孔子回国，是因为他的学生冉有刚帮季康子打了一场胜仗，季康子问冉有是天生的会打仗，还是跟别人学的？冉有说是跟老师孔子学的，季康子请回孔子还是为了策划战争！

　　孔子最憎恶暴力残杀，尤其憎恶这种"征伐自诸侯出"的混乱局面。他相信善人连续施行仁政一百年，就可以削除暴力残杀，可是那些军政寡头们都在忙着搞兼并战争。他周游列国不能行其道，只有放弃"道行"这一路，退而授徒编书以保"道尊"。

孔夫子的"道"体大思精，但贯穿着一个基本特征就是讲求公正合理。执政的人要直道治国，保持社会公正（"政者，正也。""公则悦"）。每一个人都要活得正派坦诚（"人之生也直"）。世界应该按照合理的原则和谐运行，不能听任各种力量混乱冲撞。用今天的话说，他是个"秩序派"。他认为最好的秩序就是周礼了；而且他相信，即使现在不能恢复周礼，百年以后也会"继周者"。

他选择周礼不是盲目愚昧的，而是要保持旧习惯，更不是由于他是没落贵族，要复辟。因为他在旧秩序中过的是卑贱生活（"少也贱"）。按阶级论说，他该反对周礼，追求翻身得解放。孔子的选择是文化人选择文化形态的那种"文化选择"，是一种理性的态度，追求的是道义，而非功利。他常讲"君子喻于义，小人喻于利"，正是这种心态的最好说明。不管孔子学说的历史作用后人怎样评价，它洋溢着"大公至诚"的宗教情调则是不争的事实。

他认为"博施于民而能济众"，是最高的理想境界，是比"仁"还要高的"圣"的境界，连尧舜都不大可能做

　　　　　　　　　真功夫，大智慧：四书精讲

到的。一般的治理国家的策略，无非是刑罚和利诱。孔子认为这两种做法都有后遗症，是以败坏人性为代价的。

他希望有一个"好人政府"，执政者身正德高，具有"不令而行"的影响力，像风吹草一样化治天下。这不仅要求执政者"先之劳之"，不知疲倦地带头工作，还要体现出礼义的合理原则、道德力量，能公平分配，举贤任能，使人们安居乐业，"近者悦，远者来"。在解决了人们的温饱问题后（"富之"），注意提高他们的文化素养（"教之"）。用礼义规范人们的日常行为，使各类各级的人都各得其所，忠恕安身，相亲相敬……由小康臻达大同。

孔夫子向世人描述的"礼的世界"是一片乐土，内外和谐。但要进入"礼的世界"，无论是一个国家、一个小区，还是一个人，都得要遵循一套规范。而人们对规范本身很难自觉遵守，却极易误解、歪曲，甚至践踏。礼的规范性固然有制约力量，但它没有强制性，本身就排斥杀、罚一类强制性手段。怎么办？只有首先说服那些执政者制定保持一套良好的体制，再教导所有人去自觉遵守。这是一种不得已的循环：只能靠思想观念解决问题。而儒家也是位于此：在庙堂则制礼作乐以美政，在民间则兴教化以美俗。

儒者所能做的也只是理论工作，所以孔子说："必也正名乎！"子路说孔夫子太迂了，正名能解决什么问题——就像许多务实的人瞧不起务虚的人一样。但孔夫子并不这样认为，他以为这个世界之所以这么混乱，归根到底就是名实舛错，做国君的不像个国君的样子，做臣子的不像个臣子样。所谓的"正名"就是厘清标准，统一认识，便能起到端正思想的作用，从而能使正确的意图不走样，贯彻执行：

　　名不正，则言不顺；言不顺，则事不成；事不成，则礼乐不兴；礼乐不兴，则刑罚不中；刑罚不中，则民无所措手足。（《论语·子路》）

孔夫子的正名工作，其实主要是针对掌权人而言的。他认为"子欲善而民善矣"。领导人的作风好比风，老百姓的作风好比草。风向哪边吹，草向哪边倒。可是最能误解孔子思想的首先就是那些领导人，他们专捡有利自己的一面来发挥：

　　齐景公问政于孔子。孔子对曰："君君，臣臣，父父，子子。"公曰："善哉！信如君不君，臣不臣，

父不父，子不子，虽有粟，吾得而食诸？"（《论语·颜渊》）

齐景公这样想问题，本身就是个只"见小利"的国君，孔子就需要向他阐明"正名"的意义。孔子另外讲过："见小利则事不成。"孔子反对这种片面的予取予夺，礼的本意就是合理、均衡。有若跟哀公讲的话，才符合孔子的本意："百姓足，君孰与不足？百姓不足，君孰与足？"

当子夏说礼乐产生在仁义后（"礼后乎？"）时，夫子大为欣慰。以仁释礼，的确是孔夫子的贡献，也是孔学的生命线。孔夫子"为政以德"的道德治国论，坚持了一种伦理高于历史的立场。这使孔学的人文精神经天贯地、地久天长。

孔夫子在"道行"与"道尊"不能相合的矛盾中，采取了"施于有政"——通过道德教育影响政治——的方略。这个立场和孔子的一系言论就形成了后来所谓的道统。王朝有兴替、儒学有盛衰，但这个道统不灭不绝。

"天将以夫子为木铎"。信夫！

《论语》里孔子的治国理念

"学与政"中的"学"就不是学习了,是学术,就是学术与政治的关系。中国的文化生态里,政治是由人来干的,人是从学术里出来的。比如说荀子学术不精,教出了韩非、李斯,秦始皇焚书坑儒,韩非、李斯就做出了助纣为虐、逢其恶这类勾当。所以学术和思想直接相关,思想又直接支配行动,这是文化决定论,相当有道理。但是当宋代的一些大儒开始用学统(指将儒家作为学术或知识来研究继承的一脉,学统的源头是孔子的弟子)来对抗道统的时候,学统却不堪一击。

"学而时习之",然后历代都有新的论述加入,到了韩愈就开始建立道统观念。这个"统"就是合法继承的谱系,他写《原道》《师说》,就是要建立道统。到宋代,这帮大儒又把学统变成一个"统",学统对政统,道统对治统,那些真正办事的、治理国家的儒者,他们不曾一致过，但在宋代一致了，王安石用他的学术来改革，司马光用他的学术来改革，两个人都是从各自的学术观点出发。他们私交很好，至少都是君子，绝不会我上台把你杀了，你上台把我儿子也杀了，他们没有那些黑社会逻辑，他们私底下诗酒唱和，还能够见面，他们属于君子。

这一套的源头就是孔夫子，孔夫子的一生都在用他的主义来治国，用他的学术来治国，"你要用我，就要按我的主义来治国；你要不用我，却按你的那套叫我给你打工，我不干"。这有点美化了，有点后世叙述，事实上未必这么美。

"子见南子，子路不说"，孔子去见南子，子路很不满，他认为南子名声很坏，孔子不应该与之往来，就觉得老师你违背了你的主义。批孔的时候，说孔子去走后门，去钻营，去拜在这个执政夫人的石榴裙下讨东西，这更听不得。

孔子何须去见南子？他也绝不是那么刚毅，因为那时，孔子自己也没有什么"非如此不可"的理念，孔子的一个基本观念是在"学与政"这个标题之下的，就讲一个"正"字。孔子说"政者，正也"，"正"就是正确，现在叫政治正确，政治正确跟孔子说的"政者，正也"不是一码事，风马牛不相及。"政者，正也"，是一个理念治国的概念。

所以说，这是一个永恒的难题，孙中山号称以觉义治国的时候，名义上就是落实了孔子的"施于有政"，我自己当不了政治的操盘手，但是我要影响政治的操盘手。这又形成另一个特点，历代知识分子最高的理想是做帝王师，定调是只能定做帝王师，不能定帝王。我志在成帝，我立志要成为皇帝，那就犯了忤逆之罪。所有的知识分子给自己设的最高理想就是帝王师，后来简称帝师。

后来，帝师又输给时代了，光绪皇帝的老师翁同龢，他就输给了时代。搞洋务运动的时候，他坐在那里，洋人说话他听不懂，他说话洋人也听不懂，弄了几天后还是按个人意志办，都说洋务不好办，这很好办呀。要是这么办，那当然好办了，义和团来了更好办。孔子有一段话很出名，就是子贡问孔子如何治理国家，子曰："足食，足兵，民信之矣。"子贡曰："必不得已而去，于斯三者何先？"曰："去兵。"子贡曰："必不得已而去，于斯二者何先？"曰："去食。"自古皆有死，民无信不立。孔子认为治理国家，唯有一样东西不能去，就是"信"，"民无信不立"，没有百姓的信任，就不能立足。

"正"字有"正名"的含义，孔子说"必也正名乎"，再加个字就叫"正名"。正名说，是孔子思想的第一说，

"名不正则言不顺""言不顺则事不成"。名正言顺的要害是正名，孔夫子说"必也正名乎"，就是他虽然主张毋必，但是在正字的时候，就必须要"必"。"必须必"的第一个含义、第一个要点，抓纲治国的"纲"就是正名，"正"的本质是"君君臣臣""父父子子"，当国君的就要像当国君的样，当臣子的要像当臣子的样，要各司其职、各尽其本，不可僭越、不可乱位。正名说的含义也是中国身份伦理学的一个自然延伸，"君不君""臣不臣"，这叫非驴非马、不伦不类。

孟子就发挥了这条，他说当君不像君的时候，老百姓就可以流放他。周厉王就被自己的国人给流放了，那个时候周礼还有生命力，把国干流放了，这是可能的，但后来就不行了，后来没人敢把国王流放。周朝有周公、有权威、有大佬，然后改造三年，改造好了就把他迎回来，还叫他接着当皇帝。那时候，皇帝就像市场里面的职业经理人似的，你干好就干，干不好就走，改造好了再来。

大臣给晋惠帝报告，天下老百姓已经饿得嗷嗷叫了，晋惠帝说"何不食肉糜"，他整天吃肉、喝肉羹，他说老百姓饿得没有办法了为什么不吃肉糜？他这么一说，底下的群臣，不知该哭还是该笑。后来的历史上出现了好多宫廷政变的事情，政变的原因分析，第一条就说皇帝不像个皇帝，不是我们要推翻他，是他自己不够格、不对。

后来《春秋繁露》"五德终始"说里又弘扬了这一点，就是主张德和位要相配，德不配位要栽跟头。更厉害的是得了这个位，还要和命相配，有些人虽然得了皇位，但没有得天命，他也站不住脚，这样的例子比比皆是。但是孔子没这么复杂，孔子就是俩字俩字地讲"君君，臣臣，父父，子子"，其实这里的要求说低也低，说高也高，这叫"极高明而道中庸"，就是愚夫愚妇都知道，但是谁也做不好，圣贤也做不好，三岁的孩子都知道，但是八十了也做不出来，这就是中国的玄虚的"道"，所以"道"就是人民生活。

我们读书治学，是为了"施于有政"，孔夫子经世致用的思想是非常坚定和活跃的。经世致用是有标准的，这个标准就是要施行仁政。"政者，正也"是方法，"政"的含义是"仁"，"哀公问政"，孔子回答"爱民"，爱民就是仁，仁就是爱。西方哲学是爱智慧，不是仅仅指喜好智慧，这里的智慧是他自身的快乐根源，长一点智慧比得了大奖了还高兴，是这样一种发自内心的爱。中国哲学是"爱爱"，就是爱仁，我们是仁系统，他们是智系统，我们是爱爱系统，他们是爱智系统。

牟宗三老先生最佩服孟子的就是，孟子把"仁义礼智"放置到统摄的地位，就相当于把爱智和爱仁统一起来了，"知言养气""知人论世"这一套得用智慧来打通。佛教的特点是悲智双用，悲是慈悲，慈悲了才能来救苦，智慧了才能拔除苦根，如果观音像林黛玉似的，跟着人们一块哭，那早把眼泪哭干了。

孔夫子收学生其实也像个人才市场似的，有人进去就跟他要干部当。孔子因材施教，也因材推荐，他看着谁合适，他就把谁推荐去相应的岗位。有些人不经过他直接就去了，孔子就说这叫"贼夫人之子也"，意思是这个人不会得好下场，他这么着，对别人的下一代也没有好下场，孔子就预言了子路"不得好死"。

孔子从子路的性格进行分析，他们虽然都是去给人家打工的，子路有武功在卫国当大将军，当国家出现叛乱的时候，他拼了命也救不了主，但是他侠义非要回去救主，回去就被别人剁成肉酱了。南怀瑾说，孔子领了三千人，大家都不敢惹似的，这把孔老师说成是一个"黑社会头头"了，想灭谁都可以灭谁，这又是动画片了，其实不是那么回事。

孔子不断地在培训学生，给合适的岗位推荐干部，就有人信赖他。当然也有像子贡这样有出息的，反而把老师推荐出去的。有人问子贡你这么有本事，是天生的还是跟人学的？子贡答我是跟老师学的。那你老师肯定比你厉害，把你老师请来帮咱们做事吧。但孔子来了之后，一事无成，什么都干不了，还是子贡干得了，这还是市场的力量。

审视中国思想史，你会发现事实上是"政"影响了"学"，但在儒学的理念上希望"学"影响"政"。自古而然的儒生都坚持，希望用"道"来统住"政"、统住"治"，结果历史事实都反过来，是"政"统了"学"。中华道统真正坚持不变的，宋代以后基本上就没了。王阳明狡猾，他绝对不敢公然地说我怎么样。为什么他王阳明逼着自己往里去找这个"心"，拿这个"心"跟圣人相通，跟圣人心心相印，而且一张嘴就是圣人之道。这是因为他不敢违拗当时的东西，他找了一个朱熹，找了一本教材，他不直接驳朱棣。鲁迅说绍兴人是狡猾的，好多人就对鲁迅不满，说鲁迅先生，你有本事骂拿枪的，你骂我们干什么。鲁迅说我才不上你们的当，我骂他，我不是找死吗？

王阳明就是这种，他肯定看得透透的，他知道朱家父子完全承袭了元朝统治的愚民战术，他的科举论文讲志士仁人的时候，他讲"勇气"时就知道，圣人之道要坚持下来就要靠《中庸》的"勇"。《中庸》里有三种"勇"，一是子路的那种"勇"，敢为，不要命；二是南方人的那种

"勇"，"宽柔以教，不报无道"，这是灭而不绝的，需要不断地坚持。但这两种都不是最高的"勇"，最高的"勇"就是王阳明表现出来的那种"勇"：我坚持得很正，但是我也不当炮灰，他知道当了炮灰就完了。

这个学与政的关系，可以说是中国文化的纲，应该以学与政的关系来梳理中国思想史，这个才在穴位上。要不然都是"字典"加"辞海"，那个考试有用，但在治国理政上没有什么启发性。

用文化决定政治，这是孔子的愿望。一开始有人搞文化研究，我说搞文化研究的本质就是搞政治研究，你去研究文化过不了三天肯定就要研究政治。学的本质是解放和自由，政治的本质是控制管理。恩格斯有一篇小文章特别有名，叫《论权威》。《论权威》中有一句话就是"任何权威都是以服从为前提的"。陈寅恪在王观堂纪念碑上写"士之读书治学，盖将以脱心志于俗谛之桎梏，真理因得以发扬"，"俗谛"就是指当政治意识形态、假大空之类的成了一种生态以后就变成一种来自每一个毛孔的东西了，这就是一种俗谛，就是人们在交流眼神上，在日常用语上都形成一种生态了。这个生态就是孔子想用学习的生态来主导这个民族的东西，这是孔子令人尊敬的地方，也是王阳明后来学他的地方。

王阳明最后就说，天下在水深火热当中，人民群众，就是我的亲人，你看见爹娘、老婆孩子在水深火热之中，你能不去拉他、不去救他吗？这就是孟子说的"怵惕""恻隐怵惕"。程颢有一篇名文叫《识仁》，《识仁》开启了心学的方法，怎么做到"仁"在那里就跟真理一样浩浩汤汤，而且谁都能够自觉地拥有它。

"恻隐之心，人皆有之"，突然灯黑了，你心里咯噔一下，这个就叫"怵"；不是说一枪把你打死了，你知道快死了，那个时候不叫"怵"，那个时候是另外一种状态。"惕"就是警惕的"惕"，这个其实有点惺惺相惜的感觉，就是心里头要保持常惺惺，保持着这种灵觉。我说话我知道我在说话，我知道我说多了、说少了、说过了，没说够，我都知道，在不对的时候说了不对的话，我都知道，这就叫"常惺惺"，这个要比"怵惕"严重，就是潜伏状态。

"为政者，正也""必也正名乎"，这是从正面来识仁。如何从政？只有行仁道，行仁政，所谓的王道就是仁政，就是行仁政。我们学是为了长见识，长见识的根本是先认得仁。现在好多麻木的人，好多一旦掌握权力就不知道姓什么的那些人，他们就连仁长什么样都不知道，那些回家跟老婆孩子打官腔的人，这些人活着跟死了也差不多，他已经认不得仁长什么样了，这种状态是马克思说的"异化"。马克思讲商品拜物教总爱从"利"上讲异化，其实"力"上头异化得更惨烈，暴力的异化更惨烈。

"学与政"里面的骨干力量是士子、读书人，曾子曰："士不可以不弘毅，任重而道远。仁以为己任，不亦重乎？死而后已，不亦远乎？"士任重而道远，这就是用"学"来影响"政"，让仁政、仁道在世界上得以畅通，乃至于通过办学培养仁的种子。谭嗣同的书叫《仁学》，就是沿袭这个东西。知识分子是社会的良心、人类的理性，没有知识分子地球照样转，但"天不生仲尼，万古如长夜"，李贽说，愿不得羲皇上古人，得天天打着灯笼上街。

以学成仁，寻找内心的共鸣

　　孔子之所以是孔子，因为他是中国人里面，最爱学习，最能学习，最会学习的人，他自己说要在邻居里面赌"仁"的水平，肯定数不着我，但是要赌好学的程度，那应该数着我了。你看孔子多可爱，他本来是弘扬"仁"的大师，但是他承认真"仁"在民间，邻居里"仁"的水平比他高的有，但好学的程度他是数得着的。

　　现在先把这个逻辑讲清楚，儒学用一句话来概括就叫作"以学成仁"，通过学习，来达到"仁"的境界，这都是有理性的。孔夫子喊"性与天道"，他不说上天赋予我们什么、人人都是圣人之类的话，孔子用他自己做榜样，还有教他那帮学生们，都是通过学习来成仁。

　　文天祥说"孔曰成仁，孟曰取义"，"成仁"有两个层面，一个是志士仁人的"仁人"，另一个就是仁政，你成为一个仁人，你握有权力的时候，你就会实行仁政。怎么概括这个仁政呢？人民就是江山，中国形成一个历代统治者做不到，嘴上又要宣扬的一个东西，叫作民本，以民为本。

接下来展开讲这个问题。上一篇讲了"学与政"关系的要害在于以学成仁（仁人和仁政），因为孔子自己不掌权，他"施于有政"，就是通过自己的主义、学说来改变政治，让它朝着向善、向仁的方向去努力。其实如果换一个活词就叫作恢复人性，因为政治的本质是兽性的，要把政治改成人性的，就需要通过儒家的这套思想。儒家思想的本质是什么？就是道德理想主义。

仔细想想，中国文化能够给人理想的就是儒家，道家那套东西严格地说就是"自保"，就是先把我自己保住了再说。天地不仁，以万物为刍狗，他看见了这个世界无情的本质，面对这个无情的世界，就把自己缩小、缩小，缩到不被伤害的程度为好，这就是道家。道家的基本哲学取向是什么？就是"道法自然"，老子道法自然里面的自然，其实主要是指地球上的这些东西，比如石头、水、火、土、草木等，道家主张学习大地。

道家是"法地"的，所以鲁迅说懂得了道家，懂得了道教，就懂得了中国的大半，这是从现实的角度去说的。你看咱们现在劝人，"你现实点，理性点，忍了吧，别当

真功夫，大智慧：四书精讲

二百五了"。这一套说辞的根子都在哪儿呢？都在道家这里，这是中国的本土信仰。这个人他可能不识字，但是他那套逻辑是道家的。

儒家呢？儒家是"法天"的。一说到儒家，就必须要提到一个词叫"至大至刚"，这个至大至刚的精神气概具体指什么？因为儒家的这一套都是要"法天"的，就是往上看，向上提一格，一路向上，他总是提倡好好学习、天天向上，总是往上，然后再扩充。张载有句话，"人心本来跟天一样，那么大，我心即是宇宙，宇宙即是我心"，其实这就超越了"地"，通了"天"。这是儒家的一个逻辑，这个逻辑给了我们一个理想。

一个民族要是没有理想了，那这个民族就是一堆人口。一战二战后出现了一个词叫民族国家。二战打完以后，各国的划分其实大都是按照民族来划分的。后来形成一个逻辑，用民族来治国，用民族来立国，所以我们内心的民族主义倾向是根深蒂固的。今天的好多战争，比如某些地方天天打得稀里哗啦的，但本质上还是民族问题。

你们要是看《论语》，能够找到一个共鸣的心理基础就好。过去说儒家的理想偏什么？偏"孔颜乐处"，宋儒把这一块揭示成人生的意义，所以宋儒讲这个也变成了一种信仰。其实能体现这个状态的，就是这类活生生的人，还不是那些理学家，他们太刻板了。把"孔颜乐处"体现得最好的是谁？是苏东坡，苏东坡就是一个人格的样本，这是从人的角度说的。

你想成为一个什么样的人，你就必须有独立之意志、自由之思想。这个独立和自由是成本代价很高的，这时候就要选择。在选择的时候，就出现一个对应的东西，这个东西叫什么？就是"耻"。

1980 年代，最早搞东西文化比较研究的那批新锐学者们，他们有一个尖锐的提法，说西方的文化是基督教文化，基督教讲人是有原罪的，这就形成一个什么后果呢？形成了他们的"耻感文化"。西方的，尤其是基督教影响较深的国家里，每个人都有这种"耻感"，而中国人好像没有"耻感"，中国人只有"乐感"。

过去，人们没从这个角度总结过《水浒传》的意义，《水浒传》的主题就是要把那些反复无常，没有任何礼义廉耻，没有道德感觉的杀人犯们改造成一个有理想、有纪律，并且为了一个光明的前程，跟着大哥去奋斗的故事。这是《水浒传》的一个追求，历代统治者看不懂这一点，反而来禁《水浒传》，把《水浒传》禁了以后，山林里的那些土匪就更没有廉耻、更没有标准了，都变成胡传魁唱的"有枪便是草头王"了，这种人当然就更谈不上有耻感了。

所以说，你用什么来概括中国文化或者中国人？你要拿这一部分人算，中国人是没有耻感，但是其实拿他们算是不合适的，就取样的这个"样"来说，本来他们在本土就不是正品，或者是处在边缘被淘汰的那么一种可怕的力量。

要讨论"耻不耻"是否是主旋律，你要以孔子为文化代表，那这个"耻感"是很充沛的，所以我特意地把"耻感"和"乐感"对标出来。你要以李逵为中国文化的代表，那这个"耻感"是不成立的，李逵杀人都没有羞耻之感。他们在文化感觉上是很粗糙的，这种"耻感"是文化感觉上很细腻的人才有的，就是尼采说的，高贵的灵魂都有一点抑郁。所以劣者干劲冲天，不嫌肉麻的那些拍马屁的，他们干劲冲天，他们没有一点抑郁，如沐春风，如鱼得水。这一路人，这一路文化，不是中国文化的文脉。

中国文化的文脉，从周公孔孟一路传下来，道统这一块还是有的。《论语》里面讲"耻"的地方特别多，从一个人来说，孔子作为一个有点文化资本的团队的首脑，他整天告诫团队的人："邦有道，谷。邦无道，谷，耻也。"什么意思？那些为了找工作跟他学习的学生们，他有给这些学生们推荐工作的义务。但是好些人不管这个道不道，只要有人去聘，他就去干。

宰予帮助权臣去反对鲁国的国君，孔子说，他非我徒也，你们可以鸣鼓而攻之。这就是见利忘义背叛了这个"道"，没有"道"，你还去领他的工资，那么你应该感到羞耻，这里"谷"是工资、薪水的意思。颜渊说得最好，说孔子的特点是什么？是"博学于文，行己有耻"。

顾炎武在明末清初，就是明朝灭亡清政权建立的时候，他专门写了一篇文章把《论语》这些话集中起来，叫"博学于文，行己有耻"。因为在这种天崩地裂的时候，这些人一开始有亡国之痛，但后来也是赶紧找工作，积极加入新的政权，这个时候就出现了大量的无耻之徒。顾炎武那篇文章写得特别好，你们有兴趣可以去搜搜，这是学与政的关系，一定要学。学可以养德，学可以成才，古汉语用的是"济"，你光有才，没有学，你这才用不了三天就劈叉了。学是养才的，就是"济"这个才。

你标榜自己道德高尚，第一个早晨标榜，你信心满满；第二个早晨再标榜，你就肚子饿了；第三个早晨，可能就眼往下看了。所以这时候要干什么？一定要有学，通过学习来"济"德、"济"才。这个"学"需要吸收能量，要是不吸收新的能量，很快就熵增，你的生命就会进入"死"的状态了。

　　　　　　　　　　　　　真功夫，大智慧：四书精讲

"行己"就是支配自己，是动词。你怎么支配自己呢？自己选择，这叫"行己"。行己有耻，这里你要是理解成"自己的行为"，把它说成倒装，就不好了。知识分子面对功名利禄，面对艰难困苦的各种境遇，在这个时候他来自己作自己的主，就一定要有这种耻辱之感。

《论语》里讲"耻"的地方还有很多，比如"道之以政，齐之以刑，民免而无耻；道之以德，齐之以礼，有耻而格"。如果用刑罚来整顿百姓，百姓虽然会免于刑，但是没有廉耻之心。如果对老百姓"道之以德，齐之以礼"，老百姓就会"有耻而格"，用道德来引导，用礼教来教化，就能让老百姓不但有廉耻之心，还会心服口服。这种状态就是让老百姓用自己的行为，使自己免于耻辱，免于恐惧，免于贫乏。

这是一套治民的方法，现在看来有些过时了，但我为啥还讲这一点呢，就是想讲清楚这个理想是从哪儿来的。这个理想是从我们自己这里来的，我们应该有文化自信。

靠自己，明天才能更美好

曾经有人说，中国人的毛病是靠天吃饭，靠这个，靠那个，但是都不靠自己，这就是等于把自己的决定权交给别人了，所以毛泽东提出的"自力更生"是中国文化的精魂之所在。王阳明说，"圣人之道，吾性自足，不假外求"，我只有靠自己，谁也靠不上，靠天，靠天子，靠天气，靠天然气，都不行，就只能靠自己。如何能让自己明天更美好，就像稻盛和夫说的"我走的时候比我来的时候，高尚那么一点点"，这个谁能作主？只有自己能作主。

倒过来说儒家的政治理想是什么？"兴灭国，继绝世，举逸民"，兴灭、继绝是儒家的一个政治理想，这话出现在《论语》的最后《尧曰篇》。就是这个国家都灭了，也要把它复兴过来，如果这国家的灭亡是被武力突然打垮的，而不是被文化兼容的，他们也不是去兴这个灭国，而是去兴这个文化了。"继绝世"就是继这种文化传统，"举逸民"的"逸民"往往是这个国家的镇国之宝，比如《白鹿原》里白嘉轩的姐夫朱先生就算是逸民型的。他也没权、没势、没钱，但是大伙都信他，都听他的。在抗战危难的时候要新修县志，仗都打到家门口了还要新修县志，这就是要兴灭、继绝，保存文化传统。

刘邦后来宠爱戚夫人生的那个孩子，吕后就去找张良，怎么能保住吕后生的太子的地位。张良最了解刘邦了，张良也最滑头，他不亲自去跟刘邦说，刘邦恼了后可能会杀他，所以他不去，他让吕后去把"商山四皓"请来，太子在前面坐着，"商山四皓"给太子站台。刘邦愣了，这四个老家伙我都请不动，这小子把他们都搞定了，这小了已经羽翼丰满，我要动他，国必乱，才罢了，就停下了废太子的念头，这是一种逸民的作用。当然这种作用后来被宫斗剧化了。

孔子和孟子都讲过类似的故事。比如外国使节来了，他不问国君身体怎么样，而问你们的周老师身体好吗？说哪个周老师？你们连周老师都不知道，你们太没文化了。那个使臣回去跟国王汇报，还有这么回事，赶紧拿着方便面什么的看周老师去了。

这种例子在战国的时候还有用，因为那时大家有选择性。秦始皇为什么要统一呢？就是要消灭这套东西。秦始皇统一特别好玩，第一，把全国的土地不再分封了，郡县都归中央管，这官是我任命，我叫你干你能干，不叫你干你下来，所以郡县制一下子保障了中央的核心地位。商人不是有钱吗？商人有钱都给我搬来，集天下大商，不管你是洛阳的还是山东的，都搬到咸阳来，把你的产业断了，文化都废掉，剩下的废不掉的散兵游勇，挖坑把他埋了，剩下的再说就诛三族，一下子就"海晏河清"了，天也蓝了，水也绿了。

有好些人歌颂秦始皇的统一。你说李白，我们觉得他很可爱，但是李白在政治上就是个糊涂虫，他歌颂秦始皇无所谓，人有时候面临复杂的政治局面，呼唤一个权威的、辉煌的英雄，这是可以理解的。陕王李亨已经继位，并把李隆基变成太上皇了，新的中央的核心地位已经确立了，李白还去投靠李璘。李璘远，消息也慢，他还要勤王，还要来保卫中央，其实这个新中央都确立了，早出来仨月那叫勤王，晚出来仨月那叫造反，大军一出就必须得有个大宣，只要李白再大笔一挥号召力多大？李白老想当宰相却当不上，这回有人雇他，他就去了，去了这一下就成了造反集团的人了，念他政治上幼稚无知，也念他文化上名头太大，所以没杀他。原先要杀他，杀他也是吓唬吓唬，最后把他流放到夜郎去了，从这里你就能看出李白的操守。这个唐朝是不讲的，唐朝宫内兴胡礼，他们是少数民族的东西占主要的，一开始姓李，又要信奉老子这套东西，武则天又信奉佛教，赶到韩愈出来振兴儒家的时候，儒家就已经提溜不起来了。

这都是讲历史。就是说耻感很重要，在这种大是大非的选择上，能看出好多问题的。像李白，李白那么聪明的人犯这种政治不正确的错误，成了他一生之污点，所以他最后只有逃避在酒里。正因为李白背离了儒学的大道，才犯了这种令人痛心的简单错误。所以"道"作为最高、最正确的理想，你信了它，它就让你把天下都变成共产主义？不可能，但是，在败亡的时候，在溃散的时候，在灭绝的当口你能不能坚持，往往这时候它才起作用。

为什么陶渊明那么受人尊敬？基本上大家能看见的，都是赞美陶渊明的（王维是个例外），这就是因为他的选择。他不能为五斗米折腰，就是纪委来检查了，需要他汇报工作。陶渊明说你这个傻帽，我给你汇报工作？于是挂冠而去。后来陶渊明不断地要饭，所以王维用了机会主义的标准，嘲笑陶渊明"屡乞而多惭也"。王维被称为诗佛，是个很虔诚的佛教徒，但是在安史之乱中，他就投降了安禄山，他嘲笑陶渊明有道理，但他投降就道理不大了吧。

儒家这套东西对我们今天还有什么用？对我们如今的

中国人，还能帮上什么忙？我想啊想啊，想得彻夜难眠，想出的一个结果就是人格教育。

今天，你如果拿儒家这套东西治理国家，你怎么面对各种经济问题？怎么面对各种冲突？其实也能，但是你只能学习儒家的精神。这个选择的成本是什么？就是你要甘心，甘心失去好多东西。孔子夸颜回，"一箪食，一瓢饮，在陋巷，人不堪其忧，回也不改其乐"，一个竹筐盛饭，一个瓜瓢喝水，住在小巷子里，别人都忍受不了的贫困，却改变不了颜回自身的快乐。

什么是志于道呢？你要是志于道然后抱怨饭不好吃，衣裳不好，说这个不行，那个不行，那你肯定不是个志于道的。如果你志于道，有周公之才之美，但是你对老百姓特别吝啬，这种也不行。这是个非常微妙的东西，所以颜回什么也不干，他就守着这个"道"，叫死守善道，孔子就夸他夸得最厉害，他是最好学的，他死了以后没有一个好学的，剩下的都不算好学的。

子贡学习能力那么强，孔子就问子贡，你跟颜回比怎么说？子贡说，我哪敢，"何敢望回"，就是我怎么敢跟颜回比。颜回闻一知十，子贡说自己闻一知三就不错了。孔子自己也说过，"饭疏食饮水，曲肱而枕之，乐亦在其中矣"，吃着最粗疏的饭食，喝的只有生水，连枕头也没有，困了就枕着胳膊睡，这种情况下还能保持对于道的追求，那这么一种精神状态，就是快乐的根源。

"孔颜乐处"里的"乐"，朱熹还特别注音，这要念lè。中国文化是乐感文化，乐感是愉悦之极，感性的文化。"孔颜乐处"强调它的动词性，它的根本点在哪里？就在于只努力让自己明天更美好，不忮不求（不嫉妒，不贪求），但也不拒绝。所以子贡问孔子，有美玉在手，你是藏起来呢，还是找一个识货的卖掉呢？孔子说，"沽之哉，沽之哉，沽之哉"，连说三个，还是要卖的。但绝不降志辱身，你看"陋巷"也好，孔子的"有教无类"也好，都从不同的侧面刻画出一个儒家的阶级、阶层路线图——在民间。

孔子以前是"学在官府"，这家那家都起源于不同官府里面的职位，比如道家是出于史官，它记载历史上的事件，敢把兴亡看饱，它形成了一套道家的哲学，殊途同归这一套，道家的以屈求伸，这是它的历史。

在孔子之前"学在官府"，在孔子之后"学在私门"。孔子就是一个民办的私人学校的校长兼主要教员，就他一个老师，给他当助教和"贴身秘书"的是子贡，子贡就像梁启超任万木草堂的学长似的，回答低年级和新入门学生的问题。颜回呢？死得太早。颜回也有徒弟，颜回自己也开门立派，他那派跟他一样，也是不出来，不表现，没作品。所以，他那一派叫"及身而绝"。他整天守中庸，守得"血压高"，不到三十岁就头发全白了。

颜回最懂孔子，孔子也最懂颜回。别人懂孔子是懂一个侧面，颜回懂孔子是懂得全面，他也最能理解孔子的深心高情，颜回评孔子的话朴素而深入："仰之弥高，钻之弥坚。瞻之在前，忽焉在后。"孔子以后"学在私门"，所谓的儒家有四科，第一科叫德行，四科里面德行为首，德行里面颜回为首，颜回是德行好的第一人。

颜回的下面是闵子骞，闵子骞在民间特别有影响，有个戏剧叫《打芦花》，讲的就是闵子骞的故事，闵子骞他亲娘死得早，他爹又给他娶个后娘，后娘又生了两弟弟，这个后娘百般虐待闵子骞，大冬天，他爹一看，闵子骞穿着厚厚的棉袄怎么还冻得浑身发抖，是干活偷懒了吗？于是拿个鞭子打他，结果一打把布打开了，棉袄里面不是棉花，是芦花，芦花虽然貌似棉花，但没有密度，也不御寒。他爸一下就火了，娶的这个老婆不行，就要休了她，闵子骞就拉住他爸说，不行，把她留住，天寒我一个人冷，要是把她赶走了，三子都寒，接连我那两个弟弟也要穿芦花棉衣。后来他这种无条件的孝顺，终于感动了上苍和愚公，还有他娘，最后皆大欢喜了。

这是儒家理想主义廉价的那一面，最后总是大团圆，正义战胜邪恶，光明战胜黑暗，美战胜丑，那个理想主义不叫"至于道"的理想主义，而是叫瞒和骗的幻象。第一遍好使，第二遍也凑合，但几千年老是一个调子的话就没人信了。

淡泊宁静是孔子的真血脉

　　孔子的教学是在生活中教，不像我们现在这样大家坐在教室里听老师讲，那时候也没有远程，而完全是等着学生来问，漫谈对话、随机点拨。孔门有四科，第一科是德行，第二科是言语，第三科是政事，第四科是文学，这是通识教育，孔子用这四门专业培养通人，尊德行、道问学合而为一。孔子的学生中，德行好的代表是颜渊、闵子骞，还有冉伯牛、仲公，言语好的代表是宰我、子贡，善于政事的代表是冉有、子路，精通文学的代表是子由、子夏，这十个人被称为"孔门十哲"。里面弟子三千，贤人七十二，七十二里面还有十哲，这十哲是上了榜的。

　　孔门四科中的"文学"是指文献研究，它不是指我们今天的文学创作，这个文学是研究文化的。这里面有一个你们应该知道的人，这个人叫子夏，子夏曾经当过魏国魏文侯的老师，教出了"田子方、段干木、吴起、禽滑釐"

等人，培养了魏国的法家，在魏国搞法家改革的李悝是子夏的学生，魏国的法家开启了魏国的富国强兵运动。

孔子就看得特别清楚，孔子对着学生观察，通过学生的性格，能判断他的命运。孔子跟子夏说，要当君子儒，不要当小人儒，子夏点着头。所以儒分成君子和小人，就是从子夏这儿说出来的。

在政事这一块最有名的是子路，子路的年龄只比孔子小九岁，他经常跟夫子开玩笑，敢问一些别人不敢问的问题，子路对孔子最忠诚，但是孔子认为子路"好勇过我"，却"无所取材"。孔子说，子路不得其死，意思是说他没能善终，就是看见了子路好勇而缺乏敛才的命运。

言语里面的第一名是宰我，宰我很有名。宰我昼寝，大白天睡觉，孔子从那儿过，说"朽木不可雕也，粪土之墙不可圬也"，其实宰我才华高，属于才子派的。李鸿章在曾国藩的幕僚里面也是才子派的，他早上不起床，曾国藩就不吃，在那等着，那么多幕客也等着。李鸿章倜傥风流地按照自己的节奏来了，一看都在等着。曾国藩说少荃，做人不能这样，不说了，也不吃了，把筷子一撂走了，这叫身教重于言教。这是人格教育，孔子的教育主要也是这种人格教育，他为什么把宰我放在前面呢？宰我提问题提得特别好，好多尖锐的问题，在《论语》里面成了

　　　　　　　　　真功夫，大智慧：四书精讲

金句的，好多都是宰我问的。孔子是你不问他不答，医不叩门，师不过路。我主动地教你，那不合适了。

子贡是业绩最好的。其实孔子对颜回和子贡的感情最深，他们俩也是真正成为孔学范式的人物。我当年看一个细节，真的看哭了，孔子生病了，拄着拐杖，在柴火栅栏门前头，在那儿杵着，子贡从外头急冲冲地过来，你猜孔子说什么？说"赐，汝来何其晚也"，你怎么现在才来，就这一句话，你能看出孔子对子贡的期待，他早盼着子贡来，天天睡不着觉，想着这家伙怎么还不来呢？两人见面后，孔子的这句话，当时把我的眼泪都看掉下来了。你再看其他的人，孔子死了以后，其他的人庐墓三年，别人守了三年坟就走了，子贡不走，又守了三年，他觉得不这样，感情上过不去。

淡泊宁静这句话是明末清初理学家孙奇逢说的，他说"淡泊宁静"是孔子的真血脉，有了这个血脉，剩下的都是衍生的。《论语》里面有句话，叫"君子不器"。这就是康德说的那个，"人是目的，人不是工具"。

孔子说"君子不器"，意思是君子不能作为工具。

"君子不器"的深层含义是什么？就是不能把自己固化，不能把自己狭隘化，不能用职业把自己身份化。子贡问孔子："我这个人怎么样？"孔子说："你呀，好比一个器具。"子贡不高兴，说："你刚说了君子不器，你又说我是器。"孔子说："你是琏瑚之器。"琏瑚之器相当于现在的政治局委员以上的器，国器。这就叫言语，一堂很好的语言修辞课就上完了，但是，这个言语不是语言修辞。

孔子、孟子通过什么来了解别人和这个世界？就通过"言"，知言然后知事知人，孟子把它功夫化，叫知言养气。孟子说他自己就一个本事，就是知言养气。孔子不说知言养气，孔子说的是通过知言来知人论事。孔子比孟子敢于面对现实，而且还能面对历史、现实形成一种态度，文化就是态度。现在讲文化是生态，这是从环境上说的，文化是态度，是从每一个个体来说的。

孔子是个什么态度呢？"君子之于天下也，无适也，无莫也，义之与比"，君子对于天下的事，没有规定一定要怎么做，也没有规定一定不要怎么做，而只要考虑怎么做最合适就行了。"言必信，行必果，硁硁然小人哉"，他说我言必信，行必果，我特别想说硁硁然小人哉，这种人是层次很低的，为什么？他没有达到"权"，这个人只有"经"，有经无权。

武术最难的是接招，打人容易，挨打也容易，不想挨打怎么能把对方那招接住，还能有效反击，这叫接招。知言说话在言语科里，接话最难，公司里干过的人都知道，

真功夫，大智慧：四书精讲

接话最难。像咱们小老百姓，接不过了，打一架或者吵一架都没事。但在高位的人要接错话了，就完了。所谓的一言兴邦，一言丧国，在高层是个事实，一句话接不对的例子可多了。

问题就又来了，以学成仁，讲孔子之学，孔子，包括整个儒家，包括整个东方的学，都叫作"为己之学"。这个作为纲放在这里。我们为什么相信自己明天会更好？仁在哪儿？为仁由己，这是批判孔子精神胜利法的铁证，为仁由己，我欲仁，斯仁至矣，我想仁就仁了，这不是精神胜利法吗？都是西学东渐以后对孔子撞后腰的批判，我欲仁，斯人至矣，这说的是个人的态度，主体的选择，不是说的政治状况。

孔子也是历史文献学家，他学得最多的，是周代的礼仪制度。他说商朝的也能说一点，夏朝的就说不太好了，但是周朝，他有把握地说"周监于二代"。周朝的礼乐文化是把夏和殷的优点都集中了的，"周监于二代，郁郁乎文哉，吾从周"。我就信仰周公这一套东西，他把历史的血性都看得透透的，他也知道这些过程内容，他知道现实政治的残酷性和复杂性。

孔子的人格，用两个字概括，就是"温粹"。他自己给君子下的定义是"温良恭俭让"，《论语》里面也大讲

"温良恭俭让"。"温良恭俭让"就是我们说的文明。六艺（礼、乐、射、御、书、数）里面不是有射和御吗？那个射礼主要是训练"让"的，我们的体育主要是训练"礼"的。但是，光有温的这一面就真成了国足了，被人踢来踢去的，那就不如不上场了。

君子还必须有"粹"的这一面。"粹"的典型就是，在脓包上产生五彩晕，那个脓快破口的时候，不同的颜色形成不同的圈层，那块颜色最重的皮就是别的皮的粹。鲁迅曾经大骂国粹，他的名言是"要我们保存国粹，也须国粹能保护我们"，鲁迅说的这一套其实就是孔夫子这一套。那时候还有以胡适为代表的"整理国故"思潮。

孔夫子和鲁迅最像一个人，胡适的老师杜威，有理想的实验，有理想的实用。杜威给"美"下过一个定义，这句话在美学上不值一提，但是在我个人这里特别重要——"美就是经验的完善"。美就是"粹"，但是我讲到的孔子的这个"粹"，是指的他刀上有锋，锋上有韧，韧上有钢。

孔子的风格：中庸求正

庞朴老先生总结了《中庸》的几种表现形态：A 而 B，A 而不 B。A 而 B 的这个句式，想说一个特点，就是孔子的风格。人格和风格有一贯的，但是两个层次的问题。孔子之所以是圣人主要在于他的风格，心学描绘了很多能够当起心学标兵的典范，是哪一个人体现了心学的成果？王阳明说自己不够，他说自己才证了几分。心学所描摹的、塑造的成功的人格典范，只有一个人足以当之，就是孔子。

中庸只有谁能达到？只有圣人能达到，这圣人是谁呢？就是孔子，所以《中庸》里面有几处直接拿孔子的话来证明《中庸》。有名的是说中庸之道为什么这么少了？孔子说，我知道"智者过之，愚者不及也"。孔子的风格简单地说就叫中庸求正，求正道。以理抗势必须要守正，如果要守邪而以理抗势，就成了反动派了。

张岱这个人特别出名，他说孔子遥而不逍。解释庄子解释得最好的是王夫之，王夫之有一本书叫《庄子解》，解释了什么是道，什么是遥。鲁迅讲了，中国几千年的功夫用在灯红对酒绿上了，我们的实业没有起来，包括我们这一代人都把精力用在逍遥上去了。

所以说，儒学在今天就给我们一个基于人格教育的文化自信，我们要自信其心。

文脉，还有道统，就是我们常说的中华文化的精华，它的生命力是长久的。从当时的传播力度上来讲，也不强，但是它一下子砸在理上了，然后它就随着这个理，苍苍茫茫，浩浩荡荡；砸不在理上，很快就泥沙俱下。

像在龚自珍前后对于国家政策提出具体建议的有好多高人，包世臣对政府的具体改革样样都是内行，当时看，包世臣比龚自珍靠谱、在道。但是，现在谁知道包世臣？没人知道了，偏后的像沈桂芬他们这些人，都说了很多很多了不起的话，当时影响都比龚自珍大，但现在也听不到了。这就是"现实性越高，永久性越差"，反而像龚自珍这样，现实性不强，永久性反而长，这也是辩证法。但是你一点现实性也没有，空的，就像鲁迅说的空头文学家、空头美术家、空头批评家，也不行。

什么是"道"？"道"就是旋涡，至少老子的"道"是旋涡。孔子的"道"是旋涡上面的一道彩虹。孔子是第一个从民间出来，又坚持平民路线的思想家、教育家，孔子是第一个主张平民教育的人。他虽然号称贵族，说贵族体面，其实他是破落户的贵族，破落到饭也吃不上的那个贵族。孔子想复辟贵族传统、贵族的物质，他没做到，但贵族的精神在他身上还有。

孔子是民间教育家，惠能是民间宗教家，王阳明是民间思想家。为什么说中国传统文化伟大？它伟大在哪儿？就伟大在隔个五百年、八百年，就冒出这么一个平民英雄来，他们是心里有人类的人。

孔子困于陈蔡，既病又饥，被一帮土匪给围住了，孔子坐在树底下，这时候他想难道文化传统要断绝了吗？天要把斯文丧尽了吗？结果他怀疑错了，到跟前一看，有人送鲤鱼救孔子，不是他的话不值钱，不值得杀，不值得打，是这个天又不想丧斯文了。孔子觉得是他一个人承担了天下的文脉，要把我在这儿杀了，斯文就断了，也许这是个传说，他一旦缓过来了，就不认了。他有病以后，徒弟说快祈祷，孔子说，你说的祈祷，我天天都在做，我一不骂人，二不做坏事，我不用单为我这点病再去祈祷。

孔子是个有理想的实用分子，他讲究的这个东西，是经验的成熟与完美。他也是在叫天天不灵，没办法的时候呼唤上天。有人跟他徒弟说，你师父是孔子对吧？那个累累若丧家之犬的那个人是吗？孔子听完就噗嗤一下笑了，说丧家犬这个名字起得好，并说我就是个丧家犬。我要讲的孔子的人格和风格，第一个特点就是，宁肯当丧家犬，也不当害人为己的政治帮凶。

好多人聘他请他去打工，因为他有号召力，而且他也有巨大的"花瓶"作用（孔子都领着他的人来给我站台了，这小国可以胜了），孔子去不了大国，他的能量在大国没有市场。鲁国本身就是个小国，陈和蔡更小，他待得最长的是魏国，魏国是小国里头的大国。秦、齐、魏、楚，后来兼并成战国七雄的，孔子一个也没去。这帮人干得正在兴头上，谁会听他这套仁义思想？他也知道自己没有市场，他就不去，这些小地方也要用他的实际能力，叫他领兵打仗，叫他扩展外交，叫他干这一套。所以，他宁肯做丧家犬，也不去干这种为己害人的政治勾当，这就是以理抗势的第一个含义。

所以"以理抗势"是以牺牲荣华富贵，牺牲自我外在标志为代价的，但是内在的标志是"孔颜乐处"（我自己成全我自己），虽然我安贫乐道、曲肱而枕之、箪食壶浆，但我知道自己在干什么，这个时候只能是求助于己。

这是孔子的第一个大劫，他还笑，一说丧家犬就笑了。圣人之量有独特的魅力，他这一笑就跟曹操头疼欲裂时，看到建安七子之一陈琳骂自己的文章，竟然吓出一身冷汗，一个机灵挺身，头疼好了一样，这叫英雄。还有就是武则天，骆宾王骂武则天，武则天说，宰相干什么吃的？把这种人才给我推到一边去，可惜啊！这也是重才而有量。这几个人的反应略有不同，孔子的反应是文化人的反应，曹操的反应是诗人政治家的反应。

《论语》里 A 而 B 的功夫

有人说，一部《论语》到今天还能基本上站得住脚，而且没有什么瑕疵、毛病。但《孟子》只有百分之三四十能在今天站住脚，佛教界攻击孟子，说这句不通，那句不究竟，不到位。孟子是个贤人，他不是圣人，他是个偏颇之徒。佛教有佛教的立场，我们今天有现代文明，现代理性。《孟子》的精神胜利法如果用到政治上，那肯定是荒唐的，但是用在人格上，那就是伟大的，这也是个界限。所以为什么我说儒家对今天，只有一个人格教育具有永放光芒的意义。

A 而 B 就是太极风格，逢转必沉。这个"而"字，A 而 B，比如"君子周而不比"，"比"就是今天说的团团伙伙，拉帮结派，朋比为奸。乾隆为什么持续不断地搞文字狱？他怕什么？他说你们汉人就该下狱，你们这些人用文字结成党，结成党了以后会推翻政权，他认为明朝亡就亡在党争上。

党争这个东西，从个人心性上来说，就是"朋比为奸"。"君子周而不比，小人比而不周"（《论语·为政篇》），君子很周正，很周到，也很宽厚，但是不拉帮结派，不搞团团伙伙，也就是说君子没有"团队精神"，因为他不走市场，他都走乡下。在陋巷里头需要什么团队呢？胳膊一弯就是枕头，吃个干粮那就是美餐，他冷落的是物质。

自古很多掌权人喜用小人不用君子，喜用贪官不用廉官，为什么？小人易使，贪官干劲大。廉官割不正不食，自己没有夹带，他们不想着自己发财，他看着老百姓有好处就干，没好处就不干，这样的廉官不好用。君子也不好用，我们在文化上高度赞美的君子，是在政治上被严格排斥的另类。

恭而无礼则劳；慎而无礼则葸；勇而无礼则乱；直而无礼则绞。（《论语·泰伯篇》）

"恭而无礼则劳"，要害是说"礼"，"礼"不是外在的规定，而是一种内在的情感。而"恭"，外在的规定就很容易做到。外在的规定是异化内在情感的，按照规定，警察打他爹，公事公办。但孔子觉得这样不对，孔子说："子为父隐，父为子隐，直在其中。"（《论语·子路篇》）有"隐"字在其中，父亲为儿子隐瞒，儿子为父亲隐瞒。如果有个人偷了只羊，儿子去举报，那个国君想奖励他的儿子，孔子说坚决干不得，你要表彰这种行为就完了。举报别人可以，举报他爹，不行。

宋明清就讲"礼者，理也"，包括戴震的《孟子字义疏证》里面也坚持这个"理"。理学家为什么是理学家？把"礼"换成"理"，把外在的规定，换成内在的自我要求，把他律道德变成自律道德。"慎而无礼则葸"，"慎"你们已经很熟悉了，《中庸》开篇就讲戒慎，"慎"是儒家的一个特征，千古圣学，小心而已。有时候君子要敏于事而慎于言，有时候要讷于言而敏于行。

明代张岱说过一句话，"千古圣学，唯有小心而已"，这小心里头包含着警觉，包含着谨慎。"孔子于乡党，恂恂如也，似不能言者。其在宗庙朝廷，便便言，唯谨尔。"（《论语·乡党篇》）孔子在父老乡亲面前，总是一副温和恭顺的模样，好像不太会说话。可是在面对国君和大臣时，却侃侃而谈，只是仍然说得谨慎、慎重。你说话做事谨慎，并形成一种风格，是因为你内在里认可这个"礼"。如果你没有这个内在的认可，内心里并没有"礼"在支撑，那么你就是奴才羔子。这种人很普遍，这种人其实是乡愿的源头，乡愿就是从这里诞生的。

"勇而无礼则乱"，勇敢，不是"仁智勇"的这个"勇"，是三达德，是我们人格的支柱之一，要是没有"勇"，不是个完整的人、健全的人。"勇"是儒家提倡的，所以至大至刚这个精神传统"勇"在里面起了重要的作用。

王阳明论志士仁人，通篇就说一个"勇"字，八股考试篇幅是有限的，他就通过这个"勇"来论志士仁人，要没有"勇"，哪有志士，哪有仁人？所以"勇"是个好东西，但是如果没有"礼"就会乱，"勇而无礼则乱"，那些立了很大的军功，最后没有得到好下场的人，就是延续了这个东西。"勇"够了，没有随着节奏的变化调整姿态，最后撞枪口上了，这是"勇而无礼则乱"。

说一个没有争议的，李逵，他够"勇"，所以晁盖跟宋江说，咱们这整个山窝里头，第一个不怕死的就是李逵。看《水浒传》，梁山好汉也不是个个为了山寨不计后果、真正不怕死的，肯上前的就是李逵。晁盖往上冲，别人拦他，晁盖说，我不向前，谁肯向前，他后面的队伍也不是好带的，"你不向前，谁肯向前？"看小说要这样看，就能看出自己的诗来。中国的元曲里头，水浒戏占四分之一，水浒戏里面李逵的戏又能占到四分之三，李逵的名气也不是一天传播出来的，但是他成不了大器。

"勇而无理则乱"是直，不是真。"直"是个好词，孔子的政治哲学就是一句话——"举直错诸枉"，意思是要推举正直的人放在邪曲不正的人之上，"枉"是弯曲的意思。孔子政治治国的逻辑就是正直的、正派的、正确的，用这一套来纠正天下的邪曲不正之人，纠正天下的不正确、不正派。举直错诸枉，天下安，如果举枉错诸直，则天下反。这话被反复证明是对的，宁要拿歪的来掰这个直的，掰吧，不会有好结果。

中国古代政治的特点是什么？权力和权威是一回事，皇帝奉天承运，皇上圣明。如果没有一个纠错机制，最高权力就是最高权威。

"直而无礼则绞"，如果"直"没有"礼"，就会"绞"。"绞"这个字太棒了，这个"绞"是绞肉机的"绞"，是滚刀肉的"绞"。从一个政治体制上讲，叫绞肉机；从一个人的智商能量上讲，叫滚刀肉。简单地概括这类人就是混账、孽报，《明史》上说遭受孽报的是王阳明，他寄予厚望的好友聂文蔚，性"险绞"。

罗庸说中国的传记文学不发达，《论语》除了《乡党篇》这一篇集中记载了孔子的容色言动、衣食住行外，还有司马迁的《孔子世家》，这些资料为人们全面了解孔子、研究孔子，提供了生动的素材。胡适也说中国应该多写大人物的传记，多为古代的这些圣圣贤贤作传，从而健全我们的人格教育。

　　子张问于孔子曰：何如斯可以从政矣？

　　子曰：尊五美，屏四恶，斯可以从政矣。

　　子张曰：何谓五美？

　　子曰：君子惠而不费，劳而不怨，欲而不贪，泰而不骄，威而不猛。（《论语·尧曰篇》）

　　"君子惠而不费"。这话特别好，我们老家人开矿发了财，到市里去转，一看这个裤子挺合适，问多少钱？五十。才五十，走了。转一圈再过来，差不多快忘了。问这裤子多少钱？五百。快，来一条。同样一条裤子，同样在一次逛街的过程当中，五十的不买，买五百的，这就叫"费"。"惠而不费"是一种君子风，君子之交淡如水的原理，也在于这个"惠而不费"。

　　"劳而不怨"，为什么？任劳任怨就成了德了。"欲而不贪"，"贪"是什么？"贪"就是过。什么叫天理，什么叫人欲？饿了吃个馒头，这叫天理，非龙虾不吃，那就叫人欲。"贪"其实是走兽动物本能的延续加以扩张出来的一种东西。

人没有欲是不可能的，孔子固然不像西方的生命哲学家，把生命解释成欲望本身。但是，至少在孔圣这里不否定欲望，而且"礼"的本质主要是让欲望文明化。所以，道德理想主义能让我们明天更美好，主要是摆脱这些人性的弱点、人性的陷阱。

"君子泰而不骄"，君子坦荡荡这叫做泰然，六十四卦里，单有一卦就是这个泰卦，君子内心里头一定要纯。《中庸》最后没东西讲了就讲这个"纯"，"纯"的标杆在《中庸》里面，举的是文王的例子，"文王之所以为文也，纯亦不已"，文王之所以成为文王，是因为他对诚的追求永远没有停止。儒家的东西，它作为诗歌来说，是一首温暖的、给人正能量、基本上不讨人厌的劝善书。

纣王为了考验文王到底会不会算卦，就把文王最心爱的，准备当接班人的儿子伯邑考抓过来，剁成肉馅儿，包了包子叫文王吃。纣王算计：文王如果不吃，就说明他真会算卦，他真会算卦，他就具有造反的能力，就要把他杀了，以免后患。

用我们今天所谓的纯洁、纯粹的规范来要求，文王就不应该吃儿子的肉，"你大不了把我杀了，我也不能吃这肉"，但这叫纯粹，并不叫大。大者济天下，文王就是崇大，崇大就忍心去吃。

于是，纣王认为文王不会算卦，没那种智慧或能耐，不足畏，就不杀他了，就放文王走了。走了以后，文王想到自己吃了他儿子的肉，"哇"一下吐出来了。再往下说，就是民间神话了，这肉吐出来打一个滚，变成小白兔，离开了殷商这个污秽之地，跑到月亮上去了，月亮上的白兔就是文王的儿子。神话是不可或缺的，马克思就说，神话是人类难做到的。

王阳明在江西，跟那些中央派下来的真理的代表、权威的化身周旋时，那就叫"曲成"——违心地，拐着弯地，做了一些对人民有好处的事。"曲成"是中国文化的一个特色，为什么？从焚书坑儒以后，中国文化一直是在扭曲地发展，没有顺顺当当地发展过，所以中国的这些文化名人身上都有这种"曲成"的人格纵深。

天底下没什么新鲜东西，越是在这种时候，越能够看见孔夫子的虚与委蛇这一套话。孔子去见南子，子路不乐，孔子还给他徒弟发誓，如果我有私心杂念，老天爷会惩罚我的。师徒之间也挺可爱的，道不行，乘桴浮于海，谁跟我去呢？只有子路跟我去。

风格和人格的关系也是生态和花朵的关系，人格是生态，风格是花朵，人们能看见的是风格，并拿风格来推人格。

> 子曰："吾十有五而志于学，三十而立，四十而不惑，五十而知天命，六十而耳顺，七十而从心所欲不逾矩。"《论语·为政篇》

孔子经历四十不惑之后，就出来干实事了，五十到六十这十年，他周游各国，到处推广仁政，"出，为道行；处，为道尊"。自古"出""处"是大节，通过"出""处"来看一个人，这是大考。孔子出来是为了行道，但转了一圈，没有打开市场。孔子仁智双用，他"发奋忘食，乐以忘忧，不知老之将至"，发奋的时候就忘了吃饭，快乐的时候就忘了忧愁。

年轻是一种心态，年轻不是年龄。我们中国人没有时间空间的概念，如果达到了随心所欲不逾矩的状态，就算是能够战胜时间和空间了。任何这些具体的测量单位框架，对他们没有任何意义了，它也规约不了他，它也刻画不了他，那就叫无事不可，达到自由状态了。

如果没有这个含义，"尊"能成了自尊心，自尊心是好东西，但是中国人最严重的是变态自尊心。变态自尊心把中国害了一茬又一茬，把中国害了一代又一代，变态自尊心真是东方文明的一朵毒花朵。变态自尊心就是不够直，它是曲的，所以，孔子为什么说，"巧言令色，鲜矣仁？"因为什么？它曲了，不直。

子曰："刚、毅、木、讷近仁""听其言而观其行"。这是孔子留下的话，但是他也说我以貌取人，他也有犯错的时候。圣人不是不犯错，而是承认自己会犯错，犯了错之后而且能及时改过来。

子路"人告之以有过则喜"，颜回"不贰过"，我们应该学孔子师徒的善学。那个时代那么多人，只有他们出来了，就是因为他们非常会学习。孔子教的这套，是教人怎么去学习，包括读书。会不会读书，只有天知道和你知道。有些人很刻苦，但一辈子读书无得，一点自己的心得也没有。

《孟子》

肆

孔孟之道：传统文化的根本精神

　　前两天出现一个热词——"孤勇"，"孤勇"是中国大丈夫人格的一个结晶，把"孤勇"变成中华民族根本精神的哲人就是孟子。

　　孟子是个巨可爱的人，就是王国维所说的"可爱者不可信，可信者不可爱"这种可爱的人。孟子有诸多可爱之处，如顽强的表达欲望。咱们讲孟子给中华民族留下的遗产或者贡献，会用到"孔孟之道"。这个词在今天不算热词，你们也不经常说，但这个词是一个相当高密度的词。

　　过去就有人用"孔孟之道"来概括传统文化，但传统文化不是"孔孟之道"能够完全概括的，但是传统文化的根本精神是"孔孟之道"。

　　建设"孔孟之道"伟大工程的是孟子，孟子是把孔子推向世人的主要推手，如果没有孟子，孔子就可能会消失在历史的忘川中了。所以，这也是一种文化奇缘。孔子的时代，正是龚自珍讲的，"儒但九流一"，军阀混战的时代，没有人会听虚头巴脑的仁和义。

孔子周游十六国，最后碰壁而返，死后儒家也逐步分化，各走各的经，各通各的窍。最能体现孔子精神的颜回早逝，死在了孔子之前。

颜回也带徒弟，但是颜回的徒弟，跟颜回一样完全是内收地做功夫，一箪食，一瓢饮，在陋巷，天天守住自己的仁下功夫，极其纯正，但极其纯正的在之后更容易消失。因为世界的本质是需要配置的，任何纯粹的东西，都有自身的风险。因此《中庸》中才高度强调至纯，说上天的运行，"于穆不已"，然后又找文王，"文王之德纯亦不已"。这话就有点理想化，实际文王也不那么纯，但一定要找一个纯的标准，不然这个理论就没有存在的价值了，所以找文王作为例子。

为什么把文王作为纯乎不已的例子？是因为文王实际上没有参与武装夺权的斗争，所以在道德上能够说清楚。汤武只能从革命上说，而不能从纯粹上说。

孟子没有集孔子之门，但崇拜孔子，所以只能算作孔子的私淑弟子，"私淑弟子"的标准定义就是从孟子而来的。孟子给中国留下了很多语典，像"得道多助，失道寡助""先觉觉后觉"，还有我们现在常用的很多词，如"杀身成仁，舍生取义"，这都是孟子对中华民族的贡献。一个人不能贡献制度了，就贡献语言。

"规矩"这个词也是孟子提供给众人的，大匠能与人规矩，不能使人巧。我可以教你怎么做方做圆，但不能教你怎么巧妙地做方做圆。巧妙劲从何而来，只有你自己练，你练的是你的，我练的是我的。在孟子之前，儒家的英雄谱、光荣榜的排列是尧、舜、周公、孔子。孟子重新排序后，孔子位列第一。当时他并未自己标榜"孔孟之道"，否则那就无耻了，他发扬出孔子所有的光辉点，通过孤绝的努力，中华民族就有了"孔孟之道"。

孟子怎么建立"孔孟之道"的？他先从孔子的人格说，孔子三千弟子，七十二贤人，说他服孔子，是服孔子的德，以德服人是孔子能够把这帮徒弟拢住的根源。从这个角度看，我们享受的是成果，好像孔子是当然的圣人，但天下不可能有当然的东西，这只是不断建构出来的。任何主义、任何理论都是建构出来的，都不是想当然的。

孔子是个教育家，孟子也是个教育家。孟子就说，仁政能够得到百姓的财富，仁教能够得到民心，所以仁教比仁政更根本。

孟子总结孔子，总结得特别妙，一个学生问孔子问题，孔子不回答，那人就走了。孟子就说不教之教，也是教，是教育之道。诸如此类教育上的总结也非常多。

到孟子的时代，语言也丰富了，传媒与媒介也方便了，所以孟子的语句繁复，要论字数，孟子最长。他确立"孔孟之道"还有一个着力点，就是"仁"。要用一个字概括"孔孟之道"，就是"仁"。

"仁"从何而来？人皆有不忍人之心，每个人都有怜悯体恤别人之心。"孔孟之道"的一个特点就是它不单关注生命的某一个方面，而且从根本上关注整体的生命，与大乘佛教一样，"你的生活就是思想，思想就是生活"，它是一整个的，有了不忍人之心，才能有不忍人之政。

宝玉有出家倾向，宝钗劝宝玉，说你读了这么多圣贤书，你忍心做出此事？所以为什么说《红楼梦》是中国的百科全书，这种情人间的家常对话就是中国思想的大节目。宝玉为什么出家，他接受了佛教的出世思想，宝钗为什么不让宝玉出家，宝钗就是接受了儒家这些东西。

什么是文化？文化就是态度，是落实到每一个人身上的态度，所以教育是从改变每一个人的仁心开始的，仁心就是人路，仁政就是正路，孟子的这种格言极多，能写满一黑板。

总而言之，若没有孟子，中国就没有"孔孟之道"，没有"孔孟之道"，中国就缺少一个房梁。中国传统文化种类繁多、多姿多彩，包括《鬼谷子》《坛经》等，但是起到根本、大骨架、顶梁柱作用的还是"孔孟之道"。

文化复兴靠文化自信，文化自信靠什么？一定少不了"孔孟之道"。什么是"道"？"道"就是批了五十年也批不倒，树了五百年也与它没关系的东西，它"不为尧存，不为桀亡"。五十年就能批倒的东西，它就不是"道"了。爱因斯坦的《相对论》诞生后，纳粹组织一百多个科学家批判他，爱因斯坦笑了，我要错了，有一个人批我就够了，我要是对的，你一万个人也批不倒我，它跟数量的多少没关系。

这就是"道"惟精惟一的地方，佛教讲惟精惟一最厉害，问你看的什么经，答：看的《维摩诘经》。但我不是问你在看什么书，我是问你看的书里面是什么内容。你问我看什么，我答看的是《孟子》，就不对，我看的是"仁"，看的是不忍人之心，不忍人之政。你要说内容，不要说那个皮，这就是惟精惟一，就往深处找。

孟子的最大贡献就是确立了"孔孟之道"，"孔孟之道"是中华传统文化的根本精神，越是在危难的时候越是研究孟子最好的时候。抗战时期西南联大的那批人，一无所有，大片疆土也丢了，一切皆不如人意，但是你说"亡"，不甘心，"不亡"又该怎么办，就靠孟子的孤勇精神。西南联大那帮人，包括西南联大的校歌，清华的校训，"自强不息，厚德载物"，这不就是"孔孟之道"吗？

一身浩然正气，一生自由奔放

　　如果《战国策》中的故事有一半是真的，哪怕有"通性上的真实"，便可理解孟子"如欲平治天下，当今之世，舍我其谁"的气概，不只是"浩然正气"，还是有现实基础的。只是"天未欲平治天下"（《孟子·公孙丑下》）罢了。

　　从未能实现政治理想这一点说，孟子是失败了；若就一生际遇而言，孟子是潇洒、富足、扬眉吐气的。他那自由奔放的程度古往今来罕有其匹。这是个一辈子不想称臣也很少称过臣的人。

　　齐威王派人来告诉孟子："我本应该去看你，但是伤风了，怕风吹。如果你肯来朝，不晓得能让我见你吗？"这足够客气礼貌的了，可是孟子回答道："不幸得很，我也有病，不能到朝廷里去。"

　　可是第二天，孟子却去别人家吊丧，齐王派人及医生来看望孟子，孟子还躲了起来。最后齐王送他"兼金一百"，他还辞而不受。这老先生的脾气也真够大的。

邹穆公跟孟子说：邹国与鲁国发生了冲突，我的官吏牺牲了三十三个，老百姓却没有一个为他们死难的。杀了他们吧，杀不了那么多；不杀吧，他们眼看着长官被杀而不去救护，实在可恨。您说怎么办才好呢？孟子说得坦率而正义：灾荒年百姓弃尸荒野、四处逃荒，您的粮仓堆满粮食，库房中满是财宝，您的官吏不跟您报告、也不管，这是"上慢而残下也"。所以官吏之死等于给百姓报了仇。

不能怪百姓，只怪您没实行仁政（《孟子·梁惠王下》）。这样面斥君非，在孟子是家常便饭，不需要特别的勇气或心理准备。

孟子自言：同诸侯进言，就得轻视他（见大人则藐之），不要把他高高在上的地位放在眼里。他不过就是殿高菜好女人多而已。他那一套咱不肯干，咱干的都合古礼，怕他干什么？（《孟子·尽心下》）他还曾借用曾子的话来宣布这一信念："彼以其富，我以吾仁；彼以其爵，我以吾义，吾何慊乎哉？"（《孟子·公孙丑下》）。

正因为孟子心存道义，不为干禄，所以他飞扬得很，一副正义在胸、正兵在我的气概，以人间正道的布道者姿态出现在那些仅有世俗权力的人面前。他坚信就是仅就世俗效果而言，道也大于权、也支配着权："身不行道，不行于妻子；使人不以道，不能行于妻子"（《孟子·尽心下》）。

连老婆孩子都使唤不动，更别说别人了——如果你不合于道的话。孟子自选的角色是做教王正道的老师、朋友，

孟子最鄙夷张仪辈以"妾妇之道"事君，斥之为无耻之尤。他跟那些寡人们讲你若以师待贤士可以"王"天下，若以友待贤士可以"霸"天下。

就是君臣关系也有个相互对待的问题：

君之视臣如手足，则臣视君如腹心；君之视臣如犬马，则臣视君如国人；君之视臣如土芥，则臣视君如寇仇。（《孟子·离娄下》）

而且，"无罪而杀土，则大夫可以去；无罪而戮民，则士可以徙"（《孟子·离娄下》）。孟子不自知，他要求这种抗议性的对待关系，是以诸侯割据、都在招贤纳士为背景的，若真出现了一统天下，便没有自由了。也许孟子所希望的王道一统天下，与秦始皇用霸道一统天下后的局面不一样。——这个"也许"是绝无可能的。

孔夫子多讲义、行，孟子大讲出、处。出处之际，是对士子德行道义的真检验。孟子除了为民请命行仁政讲得多，就该属这个话题讲得多了。最有纲领性、也最著名的是：

居天下之广居（仁），立天下之正位（礼），行天下之大道（义）；得志，与民由之；不得志，独行其道。富贵不能淫，贫贱不能移，威武不能屈，此之谓大丈夫。（《孟子·滕文公下》）

孟子是个说到做到的真正大丈夫。齐宣王要在国都给孟子一幢房子，用万锺之粟来养活他的门徒，为的是让本国的官吏和人民有个文化领袖以向他学习。孟子拒绝了，因为齐宣王并不真正实行孟子所要主张的"道"。

孟子常说："君子之为道也，其志亦将以求食欤？"（《孟子·滕文公下》）"天下有道，以道殉身（道因君子得志而得到施行）；天下无道，以身殉道（为道而死）；未闻以道殉乎人（迁就王侯）者也。"（《孟子·尽心上》）

这位老先生真是个不肯拿原则作交易的志士！他对道这种宗教般的情怀绝非泛泛之徒所能拥有。公孙丑问他：假若让您做齐国的卿相，您动心吗？他说我从四十岁后就不再动心了。他要的是"天爵"（仁义忠信），不要"人爵"（公卿大夫）。他愤怒地指出"今之人修其天爵，以要人爵；既要人爵，而弃其天爵，则惑之甚者也，终亦必亡而已矣"（《孟子·告子上》）。

可惜，这种人却既不灭亡也不碰壁，他们活得轻松快乐。把"天爵"当敲门砖，得手后即弃之如敝屣，有了这套本事还不能在任何情况下都如鱼得水？他们当然要反过来讥讽孟子这种价值论的立场为"迂阔"了。

孤勇的猛士，英雄的历程

自强不息是乾道，厚德载物是坤道，乾坤成天地，所以大面子上的这种话还是孔孟建的，尤其是孟子。《论语》里充满了"而"这个字，孔子是中庸。后世批评孔孟的时候，说孔子是"乡愿"，孟子是"狂者"，这说得挺准确。准确在乡愿跟中庸差不多，孔子就是不断去平衡的人，而孟子给自己的定位是"狂者"。

孟子的写作风格是单刀直入，像刀子一样直接劈下去，"虽千万人吾往矣"，他根本没有"一方面、另一方面"，这也是他可爱的地方。因为他所处的时代再不大声疾呼就不行了，来不及了，要快亡了。

战国时期，在思想上儒家已没有多少空间了，占主流的是法家，各国富国强兵，基本的国策都是出自法家。所以孟子骂"杨墨"，不骂法家，狡猾得很。骂法家，就连竞争上岗的机会，都天然地被取消了，根本不用听你瞎磨叽。

杨子主张"为我"，墨家主张"兼爱"，其实这也相当于儒家的另一方面。但孟子的文字中基本上没有"而"，偶然有也是个语气词，连词之类的，并未达到哲学上的功能。达到哲学功能的，庞朴对其概括得特别好，因为庞朴是理工科学生，他的数学专业能用上，能"直给"。第一种是"A 而 B"，如，孔子温而厉；第二种是"A 而不 B"，如，威而不猛，这种句式在《论语》里面随处可见；第三种是"不 A 不 B"，最典型的就是"不偏不倚"；第四种是"亦 A 亦 B"，如，亦狂亦侠亦温文，亦 A 亦 B 的档次高。

"孔孟之道"的不同风格，孟子无"而"，孔子有"而"，孟子的风格是单刀直入，作为一个榜样，他的感召力更大，战场上的英雄比平时的劳模感召力更大，黄继光、董存瑞这类人都是单刀性质的。有部电影《从奴隶到将军》，原型是罗炳辉，他带领五个战士，抄后路爬上山去袭击敌人，爬到悬崖绝壁的时候，跟着他的一个得力的亲随，念着"啊呀，不行，我家里还有八十老母"。罗炳辉训他，"谁家里没有八十老母"。那个时候再讲八十老母，就不是英雄了。

王家卫的电影《重庆森林》，"我和她最接近的时候，我们之间的距离只有 0.01 公分""整个晚上我看了两套粤语长片，吃了四次厨师沙拉""当我买满30罐的时候，她如果还不回来，这段感情就会过期"，王家卫用数字表达出了情绪，数字也给人以冲击力。

孟子的冲击力来自什么呢？孟子是英雄的历程、道德的生存，孟子强调这种道德的生存，是一种高级的生存。就像雷锋似的，雷锋是平凡中的伟大，但从美学冲击力上讲，还是炸碉堡、堵枪眼的这种英雄更震撼。说孟子是孤勇猛士，有这一句就够了，但是不出情绪，要出情绪，就强调他虽然没炸过碉堡，但是个精神英雄。

在汉语世界里，应该说大多数人都受过"孔孟之道"的塑造和改变。你们今天不信"孔孟之道"，也不知道"孔孟之道"是什么，但是你们依然受到了"孔孟之道"的影响，因为你们生活在这片土壤里，这片土壤里每一棵草的缝隙里都往上漾着"孔孟之道"的气息。

比如你妈骂你不听话，你妈骂你是小牲口，这不是一句普通的话，这里就渗透着"孔孟之道"。孟子说人与动物的区别几希？保持着良知，你就不是个牲口，失去良知、失去本心，你就是个牲口。所以骂人骂牲口这句话，大家差不多都骂过，差不多也挨过这个标签，这种价值判断就渗透了孔孟的价值气息，但是在今天它已经成不了标准了。

今天的标准是见利忘义，冷漠无情。今天到处没有情了，没有情就只剩下骗了。举世禽兽的时候，我们不能跟他们一块变为禽兽，我们要反打，用孟子的话叫"反手而治"。这种情况从美学上讲特别有感染力，统治越是暴虐，越是强悍，老百姓一反手，咔一下就过来了。因为历史上已验证过，秦始皇暴虐至极，反手，十五年就灭亡了，那么强悍、庞大的帝国，十年八年就天翻地覆了，这就是孟子说的"反手而治"。

孟子的这套思想，当下看有时会觉得可笑，但是长远地看，合理性尚存，"孔孟之道"具有长程的合理性。我讲孔子的时候，讲过这个问题，就是虽然中国没有宗教，但是中国有一个类似宗教的东西在影响着我们，这就是道德理想主义。

道德理想主义有一套办法，当然主要是通过教育。孔子也是教育家，教君主怎么执政；孟子也是通过教育，教君主怎么执政。所以中国的知识分子保留着一个传统，就是整天给领导支招，保持着用一个最理想的标准来要求人（应该怎么样就更好）的状态，老是让你比原先再高一点，再高一点，逻辑上是没有问题的，但是事实上不那么招人喜欢。

把正能量说得不令人讨厌，有时候还挺感人，这就是孟子的魅力。孟子充满了正能量，但是你看他的东西，有时候还会哭，从修辞上讲他这是一格。孟子说他的方法就是知言养气，中国的道德从来都是做功夫，但后来人不做功夫就光说词了，光说词的时候，这个词就成虚伪的封建礼教了。

《世说新语》里整个汉朝把"孔孟之道"榨干榨尽，"举秀才，不知书。举孝廉，父别居"，整个都异化了，走向了反面，这是权力对文化的歪曲和背叛，与个人品质没有任何关系。所以《世说新语》里的那帮人以反为美，大伙正一下反一下，来回涮，涮得人们对它终于蔑视了，得出"骗人"二字。等到鲁迅的时候，就说"吃人"。

这些人更凸显了"孔孟之道"的伟大，鲁迅为什么说嵇康是要真名教的，而司马家族是要假名教的，像嵇康这样貌似反名教的，他的《与山巨源绝交书》就是鄙薄周公，看不起孔孟，他虽然那么说，但是他心里面坚信真的孔孟。

何为"道"？何为"德"？这就是"道"和"德"，有了"德"，才有"道"。

觉受分离，不做"习惯"的奴隶

　　孟子相当于做了一个思想实验，他问那个人"乍见孺子入井"，一眼看见一个孩子趴在井口上，头都进去了，所有人没有不发怵的。我让你回答问题，你先心慌一下，那叫发怵。恻隐，恻是疼，隐是度，恻隐之心就是推己及人。

　　我饿，就想到还有其他人在饿；我被溺在水中，就想到其他人溺在水中之痛，隐是推度的意思，恻是疼，是心中悱恻、伤痛的感觉。所以，看见孩子的头钻到井口里，没有人不起心理反应的。孟子的原文，讲得特别好："今人乍见孺子将入于井，皆有怵惕恻隐之心；非所以内交于孺子之父母也，非所以要誉于乡党朋友也，非恶其声而然也。"起这种心理反应的，不是跟他父母有交情，也不是为了誉好于乡间，意思是我通过救孩子，一夜成为劳模，成为见义勇为的英雄了。没有，那时什么都没想，不图什么，就是心里咯噔一下，这一咯噔叫什么，就叫"仁"。

你看见孩子入井，你心里咯噔一下，包括练武功，一紧张，汗毛闭上那一下。用物理学上的概念来比附，这就相当于"波粒二象性"，它既是一种感受，也是一种觉知。一般人浑浑噩噩，遇到这种情况骂个街就走了，那这人就白来这一场，失去了觉悟的机会。佛度有缘人，开悟是有志气的人才能开悟，你心心念念，想突破自己，才有开悟的可能，但如果你心心念念想重复自己，那就是在说废话。

海德格尔讲人沉沦的原因之一就是说废话，说废话热乎，大家都在说，你见人要不说废话，就显得格格不入，但说废话的后果，用量子力学上的概念来形容就是"塌缩"，塌缩了就没有别的选择了。所以宇宙的真正本相是波函数，量子力学就发现了波粒二象性，它既是粒又是波，它既是感受也是觉知，所有开窍的第一步是要分清感受和觉知，这一关打不开，后面都是唱高调，等到最后，觉悟之后还是用嘴吃饭，用腿走路，但是他不开窍，就没有用。

要坚持一条跟着觉知走的路，别跟着感受走，这是很根本的。我们都是自己习气的奴隶，要想破自己的俗气、

真功夫，大智慧：四书精讲

破自己的习性，就一定要坚持"觉受分离"。克服习气的作用是克服爱憎心，克服你的选择或择别。苏东坡写《定风波》的时候，若说下雨真讨厌，当他有这样一个区分的时候（喜好晴天，憎恶雨天），那就完了，他就沉浸在感受当中去了，就不会有后面"竹杖芒鞋轻胜马，谁怕"的境界了。

"受"和"觉"一定要分离，不分离我们就永远无法突破昨日之我，为什么？因为受是生生灭灭的，我们一天的感受有很多，做梦都在感受当中。觉是不生不灭的"了了灵知"，2000 年，中国 20 世纪最重要的一位精神哲学大师徐梵澄去世了，徐梵澄虽不被人所知，但再过五十年，或一百年，回望这一段历史，人文社科学研究的大师，徐梵澄肯定是其中之一。不要看今天有些人自我感觉牛×哄哄的，实际一点东西都没有。在当今这个评估体系里面，他可以得到各种奖项和津贴，但今天这个评估体系是这个时代的感受，为什么一代有一代之学，就是因为一代有一代之感觉，在感觉中，这套东西红火，你起疑，就是"觉"在起作用。

儒释道三教三学都强调起疑，先起疑情，不起疑情就等于是一个提不出问题的学生。浑然不知是什么意思，就是糊里糊涂、浑浑噩噩，小和尚念经有嘴无心，完全是在混日子，一点用都没有，就是你的主体连觉知都没有，更谈不上"了了灵知"。所以把"受"和"觉"分开以后，一定要跟着"觉"走，摆脱习气的困扰，才会有一个非常好的结果。

分清感受和觉知之后，还要训练觉性的自觉，之后又要回到觉受一体——觉悟以后的"受"。恢复到觉悟以后的"受"，就是"觉"是体，"受"是用，没有"受"也就没有"用"，受用是不能分的。到此刻就不动心了，因为你已经去掉了爱憎拣择。

公孙丑问孟子，"如果你有机会做齐国的相，并能实行自己的主张，会不会动心呢？"孟子特别好玩，说我四十岁以后，再也没有遇事而内心波动了。徐梵澄坚信儒家有这套功夫体系（不能说儒家是抄的佛教，这是学术史上的共识），孟子、庄子的理论在佛教还没进来前就有了，庄子的"心斋坐忘"，孟子的"知言养气""觉受分离"，这都是中国的东西，只能说人同此心、心同此理，东海西海、心理攸同，那时都在独立发展，谈不上是否抄袭。宋朝理学的那帮人个个学禅宗、学佛法，学了这种觉受分离的修行，王阳明是其中登峰造极的，所以笼统称为宋明理学。

到了觉受不二的时候，就济世来说，其实就和大乘佛教是一体的了。孔孟之道天然地跟大乘之道是一道的，觉悟了再来度众生，是全心全意为人民服务，你一个人跑了很容易，那叫自了汉，是不仁，是自私自利精致的利己主义者，要不得。

孟子是如何成为大丈夫的？

孟子给世界贡献的第二个大财富是"士君子理论"，"士君子理论"的标杆就是大丈夫。大丈夫就是承接道统的，像咱们都属于草木之人，随着草的荣枯而凋谢，来源于土回归于土，不是顶天立地的大丈夫。

大丈夫能够支撑着道统不下坠，他们就是知识分子。鲁迅那会就痛恨地说中国没有一个俄国式的知识阶级，俄国知识阶级是贵族范儿，赫尔岑被发配到边疆极寒之地，还带着仆人。把这点说清楚，是为了讲明白士君子大丈夫是从何而来，怎么来的。不能号召，号召是"行仁义"，士君子大丈夫是从自身的五脏六腑里孕育出来的，这是"仁义行"，是仁义自然地表现出来的，而不是"行仁义"。

"行仁义"行得比较好的、最有效果的是那些阴谋家为收拢一方百姓，而设计的策略。如曹操对待敌人一会儿全杀，一会儿全放，全放的时候比刘备还仁义（"行仁义"），"行仁义"的目的是取得一种统战效果，让大家拥护他，而不是真正内在的仁义在起作用，士君子所有的仁义之举都是内在性的。内在性是从孔子的"克己复礼为仁"上来的，所以《论语》里有很多条回答学生问题的话，"颜渊问仁"是最权威的。

个人与个性

顺便说一下"个人"和"个性"的差别，现在到处都是个人主义，现在人就剩下己，没有礼了，铺天盖地都是，这是一种生态，上上下下，各层次的人，说了半天都是小我，这是个人；个性可不是，个性是个大概念。儒学是要恢复人性的，恢复人性就要保护个性。现在个人主义泛滥，但是个性自我却被打压。

龚自珍浩叹举国上下，前面无有才华的君，宰相都没有，最后来了一句，就连有才华的小偷都没了。为何？"孔孟之道"被他们灭绝了，"孔孟之道"是养育个性、保护觉知性的，没有个性就没创造，在怵惕恻隐之发现处是仁，你要在这里培养仁的觉知性，以仁的觉知性作为纲领。

"仁"是孔孟之道，"仁"是一种充塞天地的宇宙精神，孔子以前就存在，孔子死后照样有，每个人都有自己不同的发现处，每个人面对的恻隐、羞恶、辞让、是非都有自己的体会，这个东西就是"感"，"感"同时有受和觉。

"仁"本身是没有具体的东西，"仁以感为体"，感是每个人最直接的感受，为什么我强调个性，因为没有个性就达不到"感"，每个人都有自己的"感"。"仁以感为体"，与我所说的"美以感为体"是一个道理，美只能是客观的精神世界，它是精神的，但是它形成了一个脱离人的主观世界，也就是"仁无体，义无方"，没有固定的框框，有了固定的框框就叫黑社会的规矩。

"感"的工作原理是它本身是寂然不动的，它要动就完了。为何现在很多人难以进入学习状态，因为还没开始学，感觉先上来了，"我不想学，有什么好学的，我听不懂"。"我"字当头，就啥也学不了，而只是在重复自己，上了大学也没用，没有破我，就没有志气。

首先别讲大话，先什么也别想，不要动，即寂然不动，有了"寂然不动"，才有"感而遂通"。这两句话本是《周易·系辞》里的，"寂然不动，感而遂通"，也是儒释道三教通用的工作原理。此心不动，才能够"随机而动"，此心先动，你就依然是你那一套，喜就喜了，恐惧就恐惧了，镜子就照不正东西了，根本无法显现事实了，也不能把握事情的机窍。

所谓的"寂然不动"，就是虚静。庄子强调"虚"，庄子在艺术上贡献大，孟子在伦理学上贡献大。先说"寂然不动"，"寂然不动"就保持虚静，每临大事有静气，冷静冷静。"寂然不动"就是虚静；"感而遂通"就是"动直"，有了虚静才有"动直"。这"动直"是什么概念，就是不经过思量，不经过掂量的直觉。神秀就是掂量、合计、琢磨，一直翻过来倒过去，这样爱憎、区别，就都围上来了，就把这事淹没了。

"直"必须是咔嚓那一下的感觉，马克思说过，"在科学的入口处，正像在地狱的入口处一样，必须提出这样的要求：这里必须根绝一切犹豫；这里任何怯懦都无济于事"。抡刀上阵，脑子一片空白的时候，就是"动直"，所谓"神勇"，也是那时出来的。但你平常必须练，你不练，就是王阳明所说的"也许学过"，你没经历过绝境，"动直"就只是个词。

"感而遂通"才能"动直"，要求是"内外无隔，有感斯应"，就像水往低处流。想象箭在弦上不得不发，"动直"就是箭。一个小视频，梅西踢任意球，站了两排人墙来挡他那一脚。但他把球踢出去，走了一个 S 弧线，人墙根本挡不住，从脖子上穿过去，咚，进去了，好像导弹似的。所以，箭会拐弯，就成导弹了。

"仁者必勇，仁者必敏"是纲。我佩服王阳明，在他的八股论文（相当于现在的高考作文）中，他居然能把自己的个性写出来。八股考试有一个环节叫"论"，其题目是"志士仁人"，这时候王阳明不讲志士，也不讲仁人，单讲勇。这种时候真是叫"仁者必敏"，他抓住了仁者的纲，要没有勇，就没有"动直"，别的更不用提了。

仁勇与孤勇

"仁者必勇，仁者必敏"中的这个"敏"字真好，如何形容"敏"？可用"感速思通"，因为良知的敌人是麻木可掬，敏就是不麻木，"虚静之极"就能达到"无我"；"动直"之极，就能达到"自他无二"。无我才能"杀身成仁，舍生取义"；有我，肯定做不到。

"不成功便成仁"是孟子贡献给中华民族的多义词，不说死，说成仁了。大丈夫就是这样练成的，有了"无我"，有了"自他无二"，就能从容不迫，是"仁义行"，不是"行仁义"。

有人问孟子，什么是"士"，孟子回答两个字："尚志"。孟子还说，"无恒产而有恒心，惟士为能"，"士"是一个游离的、掌权的阶层，不同于出劳力的那一批人，它是劳心的（无恒产而有恒心），但它又不是某个利益集团，也不属于某个利益集团，所以才以天下为己任。正如曾子所说，"士不可不弘毅"，仁义如此重，"死而后已"那么远，这叫"任重道远"。

以天下为己任，从孔子就开始了。孔子自己就是士（没落贵族），"吾少也贱，故多能鄙事"，贵族那套他没享受到，但他有了贵族的气质，所以孔子、孟子给平民百姓的一个启示是，"虽然是平民，但也能活成贵族"。让你通过精神生活提升你的生活质量，物质生活的提升需要很多条件，但是提升精神生活，只要你愿意就可以，"为仁由己，而由人乎哉"。

"士"还要干什么，尚志，崇尚这种精神生活，志是"气之帅也"，把气统领起来，就给气一个系统，一个方向。有了志，气就往某个方向走。没有志，气就会塌陷，成为黑洞。

孟子最恨自暴自弃，"自暴自弃"这个成语也是孟子贡献的。大丈夫是"天将降大任于斯人也，必先苦其心志，劳其筋骨，饿其体肤，空乏其身，行拂乱其所为，所以动心忍性，曾益其所不能"，还有"威武不能屈，富贵

真功夫，大智慧：四书精讲

不能淫，贫贱不能移"，满满的正能量，而不讨人厌，孟子是第一个，以后很少有人能把正能量讲得令人极为感动的，所以给《中庸》做"诚"字注脚的，孟子做得最好。

孟子说，孔子讲"仁"时一再讲"诚"，这是对孔子思想的发展，《中庸》后半段主要讲"诚"，因为孟子他自己就特别真诚，他说这话，不诚就无动，自己不诚的话，这句话根本就出不来。

为何说孟子"孤勇"，因为他做到了面对一个弱小的人，看见小猫小狗，你想打人家的时候，你至少要犹豫一下，乃至于放下你手中的武器。如果面对强敌，你"自反而缩"，自我反省一下"我理直不直"，如果我理直气壮，即使对方有一千个、一万个，我照样如入无人之境，这就是"自反而缩，虽千万人，吾往矣"。

庞朴老先生就主张用汉学的功夫，做义理的文章，做宋儒的文章，要不然你会出笑话。所以大丈夫，就是这种气概，包括我所说的，因为他已经无我了，无我就可以成仁，无我就可以取义，所以就有"虽千万人吾往矣"这种精神。

"真的猛士，敢于直面惨淡的人生，敢于正视淋漓的鲜血"，鲁迅就盛赞这种猛士，这就是大丈夫精神。中华民族已经建立了一个道统，这个道统越在国破时，越强调山河在，越在危亡时，越强调精神不死。

"孔孟"死了，"孔孟之道"还在，并且已经成为一种土壤、一种空气，弥漫在宇宙之间。"孔孟之道"这个道统里有两个好汉，一个是文天祥，把文天祥的《正气歌》读下来，"孔孟之道"的道统就知道得差不多了。还有一个好汉是张载，他的"衡渠四句"（为天地立心，为生民立命，为往圣继绝学，为万世开太平），也是真诚的。

把孟子塑成圣人的是谁？——王安石。王安石把孟子列入孔庙，而且尊他为亚圣，把《孟子》这部书刻到石经上去。孟子的思想是革命家、改革家的晋升武器，所有拥有革命精神，有改革情怀的人，都是孟子的好朋友，王安石就是个例子。若没有王安石，孟子也被风吹走了，后来朱元璋把孟子从孔庙里端出来，把《孟子》这本书烧了，但是野火烧不尽，春风吹又生。

永远心存仁义，永远满怀理想

任何制度的建立都有人性的依据，想建立一种制度、一种政治状态必须找出相应的人性依据。孟子倡王道、主仁政，一是以历史经验为训，一是以人性本善为据。梁启超说："孟子为大同之学者，则必言性善。"

在孟子之前及同时，关于人性的信念，大致上有：

1. 孔子的"性相近，习相远"说；

2. 道家的"性自然"说（当包括杨朱的"贵己""为我"说）；

3. 法家的"性好利"说；

4. 墨子的性"自利""自爱"说；

5. 告子的"性无善无不善"说；

6. 荀子的"性恶"说。

遗憾的是这些都是经验性的证明法：描述、观察、举例，于是互相之间除了倾向不同、情绪上有些差异，究其实质"将毋同"而已。因为别看批驳起来水火不容，其实却在同一条河里，诸家之间存在着渗透、相迭、相混的地方。就说孟荀一主性善一主性恶针锋相对，但二人都说过人性是可以善可以恶的，这就几乎等于"性相近，习相远"了。

墨子的自利自爱与法家的性好利判断相近，只是墨子因此而主张兼爱、与人方便自己方便，法家则来个你死我活而已。告子的无善无不善就是一种自然主义派头，与道家态度相近，他说仁内义外也与孟子重迭了一半，孟子跟他辩的是仁义皆内而已。而且孟子明确承认"可以为善矣，乃所谓善也"。

又与告子之善恶后起论一致了。而善恶后起这种说法几乎是"公用走廊"，各派都走而过之。

孟子的"四端说"，曾被指责为先验论，其实恰好相反，它的不足正在于先验的不够，还是举一个典型事例，再作无类演绎——中国式的半逻辑方法。从"人皆有不忍人之心"这个大前提出发，选取或曰设置一个典型情境："乍见孺子将入于井"，谁都会有"怵惕恻隐之心"，既不为名也不为利。然后就由此推断：

真功夫，大智慧：四书精讲

无恻隐之心，非人也；无羞恶之心，非人也；无
辞让之心，非人也；无是非之心，非人也。恻隐之
心，仁之端也；羞恶之心，义之端也；辞让之心，礼
之端也，是非之心，智之端也。人之有四端也，犹其
有四体也。（《孟子·公孙丑上》）

　　无恻隐、羞恶之心便不是人，是一种道义性的反证
法。道德论中的思辨逻辑大凡如此。这涉及一个逻辑下面
的文化根据问题，这个根据事实上又成了道德本身。至于
道德似乎是不能问根据的，据牟宗三先生讲，你要问根
据，你就不是人。不过，这种因情言性之经验论层次上的
证明无法作穷尽性论证。明人张岱就曾反问：乍见美色而
心荡，乍见金银而心动，都是自发而非矫强，也是真
性吗？

　　这种方法论上的局限也必然造成理论上的不彻底，直
到康有为还"不忍之心，仁也，电也，以太也"呢。孟子
本人当然是既理直气壮又能自圆其说的："仁义礼智，非
由外铄我也，我固有之也，弗思耳矣。"至于那些干坏事
的人，不能归罪于他的资质（"若夫为不善，非才之罪
也"）。而且尽管"四端"人人有，但有"失其本心"的

时候，有"放其心而不知求"的人。

全部问题的关键就是孔夫子那句话：为仁由己。为不仁的责任也在于你自身！这样便坚持住了本质先于存在的立场，便筑起了礼义的长堤。任何强调客观原因而放弃"以仁为己任"的行为都是无耻之耻，都是自暴自弃的败类。

在善恶自为这一点上"圣人与我同类"。舜，人也，我亦人也，有为者亦若是。所以"人皆可以为尧舜"。它是要求每个人都担当起为仁为善的责任。最严峻的考验就是"生亦我所欲也，义亦我所欲也；二者不可得兼"之时，怎么办？是苟且偷生呢，还是舍生取义呢？这样的心灵问题还就是科学无法解决的玄学问题。

孟子的方法论虽然是经验的，但其人性论并不庸俗，因为这其中的关键是个价值取向问题。孟子是浪漫主义者，他的"舍生而取义"的信念是高贵的强力意志论。

一个人、一种制度都当以仁义为归，孟子这种目的论思路，将伦理本质主义推到了极致，也因此在宋明两代影响甚巨。"何必曰利"绝对是名来利往世界中的一个反向的口号，这种理想主义的号召不可能实行是注定的，它不可能灭绝也是注定的，因为人毕竟是有灵魂的。

国君不肯让利于民，则仁政是一句空话，君臣、父子、兄弟、人与人之间不肯去利怀义以相处，则礼义不成摆设即为伪善。但孟子并不泄气，"仁之胜不仁也，犹水胜火。今之为仁者，犹以一杯水救一车薪之火也"，不能因此就说水不能胜火，而是应该反而让水多起来。他热心"反手而治"，强调"反身而诚"，就是想从政治与人性这两个方面把丢失的善根找回来。

义利之辨：孟子的道义之观

司马迁写《孟子传》，总共二百字，二百字中他就突出了孟子见梁惠王。孟子那时已五十岁了，梁惠王问孟子，"叟不远千里而来，亦将有以利吾国乎？"你既然不远千里而来，就一定有能给我们国家带来好处的办法，孟子说"王何必言利？"然后双方开始义利之辩，"化义为利""化理为欲"。

"鱼我所欲也，熊掌亦我所欲也"，利就像鱼，义就像熊掌，利也是我所欲的，义也是我所欲的，但是义就和熊掌一样高贵，利就跟鱼一样低贱，不值钱，所以杀身成仁，舍生取义。包括《春秋繁露》也讲"正其道而不谋其利"，总而言之，很多人一唱高调地讲义就不讲利。但孟子聪明的地方是把义转变成最大的利，孟子说一千道一万，还是"大丈夫浩然正气"，包括"杀身成仁，舍生取义"，人虽然死了，但是永远活在我们心中，这个利最大。

人固有一死，或重于泰山，或轻于鸿毛，选择重于泰山，"孔孟之道"就会变成一种天理，天理就是客观的精神世界。客观的精神世界何以又客观，又是精神世界呢？这得力于孟子把理化成欲，学习追求天理成为圣人。孟子讲"士何事"，答"尚志"，尚志的意思是给自己找到精神方向，然后弘道，给民族建立一个精神方向。老子也说，"死而不亡者，寿也"，虽死但没有消失，叫寿。老子就说了一句，孟子讲了一大片，舍生取义、永垂不朽之类的东西。

孟子虽有赤子之心，但他说服那些"寡人"时，并不是一派天真的，他有时像个老练的精神病治疗专家，针对"寡人"的心理随波生浪逼出口供，并将计就计使之就我范围。如齐宣王说：寡人有疾，好货好色，是不适合实行仁政的。孟子并不迂腐地劝他别去好货好色，而是说：正对了，公刘、古公直父这些伟人也都是好货好色的，但只要与百姓一同好货好色，让他们富起来，并做到"内无怨女，外无旷夫"，这不就是仁政王道吗？孟子顺着"寡人"说，达到了化义为利，化理为欲的目的，孟子这一套说辞太棒了。

孟子向诸侯游说，也先有一个原则，就是"说大人，则藐之，勿视其巍巍然"，向诸侯游说，要先藐视他，不要看他高高在上的样子，就是别自己先气馁，失去动员能力了。这种论证风格后来也形成了一种独特的"中国式逻辑"。

"中国式逻辑"还有一个特点，就是"单刀"，只攻其一点，不及其余。说这种东西有个好处，是什么？就是能够把信念变成信仰。这种人就像极左派，人品都很好，但很极端，你要按照这套去治国平天下，没有不栽跟头的。为何？因为违背了配置之道，天下事物是复杂的、相互配置的。

所以有人问孟子，理重要，还是态度重要，孟子回还是理重要。其实孟子也很悲凉，他这套思想也没被实行，而且孔子弟子三千，贤人七十二，留下了好多学生。孟子的学生，就是万章、公孙丑等七八个人，很落寞。但孟子能活得很威风，跟他的气概有关，吃了你的，喝了你的，拿了你的，再来骂你，也是一种英雄气概。

由性善学说推出政治上的仁政思想，孟子有一个口号，叫"仁者无敌"，只要你实行仁政治天下，如掌上有宝，这种浪漫曲歌，他本人相信，所以唱得特别动听。他讲仁政这块在修辞学上很有借鉴意义。仁政的核心极好，就是亲民。孟子的"民生"思想，强调了对民愿的重视，民愿是高于政体权力制度的设定，民愿才是政制的基础，由此看来，孟子其实有点像国家社会主义的鼻祖。为什么王安石推崇孟子？因为王安石改革所要追求、所要达到的就是孟子的蓝图。王安石说神宗刚当上皇帝，雄心万丈，要拿出自己的作品来，变得永垂不朽。

顾炎武说中国历史被"三王"破坏了，王弼谈玄，把儒家血脉断了；王安石改革，把北宋的整个财政系统给弄坏了；王阳明空谈心性，大明王朝灭亡了，汉文化也亡了。王安石改革就是走亲民政策，你不是爱好文艺活动吗，让老百姓也跟你一块享受，"乐民之乐者，民亦乐其乐；忧民之忧者，民亦忧其忧"。"乐以天下，忧以天下""然而不王者，未之有也"，这显然不是欧阳修下面这句话的由来，"先天下忧而忧""后天下乐而乐"。

"仁者无敌"论是长期的合理性，不是给敌人念《论语》那一套，是说只要实行仁政，你就能够赢得人民的拥戴，民心是天下的。仁者无敌，活着就能看见效果。晋国最强大，而且文明娴静，地方也好，但是堡垒从内部被攻破了，赵韩魏三家分晋，晋国被分之后就缓不过来了，这给秦国的强大留下了时间。齐国有海上优势，商业繁荣，所以人们特别富庶。楚国属于巫文化系统，最早建县的是楚国，孟子在楚国碰见楚怀王，让他如何如何，但楚怀王没领会孟子的思想，稀里糊涂地折腾两把，楚国也完了。

说回齐国打燕国，齐国强大把燕国打了，打了就好好打呗，打下来之后按照孟子说的来治理，"你好货，让老百姓也做买卖；你好色，让老百姓也娶上媳妇"，这不就挺好。他不这样，齐国占领了燕国以后，认为被占领的地方软弱可欺，开始掠夺，继续扩张，等于把自己放在火上烤，激起了燕国人的反抗，又把齐国的军队赶回去了。所以齐国的国王说，"我甚惭于孟子"，我愧对孟子，没有按照孟子教我的去占领燕国，反而用刺刀，终于逼起刺刀来了。陈独秀的劲儿特别像孟子，如孤勇，别人散传单，悄悄散，怕被抓住了，他散传单喊着散，我是北大教授陈独秀，一边散一边叫警察。

陈独秀觉得中国最缺的东西要自己去找，找来找去发觉中国最缺的是科学和民主。所以他就一定要为科学和民主把喉咙吼破，鞋底走烂了也要去呼喊，这也是孤勇。陈独秀说我不忍心利用民众的弱点，所以我失败了。孤勇的问题是没有效果地拿捏住轻重缓急，容易在最后临门一脚的时候失败。

仁者爱人，仁政无敌

　　孔子死后的百年无义之战，使孟子痛心疾首地意识到仁学若不变成仁政、不转换输入到国家决策中，便永远只是玄想性的道德原则：

　　　　尧舜之道，不以仁政，不能平治天下。……徒善不足以为政，徒法不能以自行。……既竭心思焉，继之以不忍人之政，而仁覆天下矣。（《孟子·离娄上》）

　　孟子谋划把仁政治化的要着是给执政者灌输仁心、不忍人之心，从而推行不忍人之政。他看透了极权体制的特点：君主决定一切。所以，他相信"君仁，则天下仁；君义，则天下义；君正，则天下正""一正君而国定"。他认为只要说服皇帝，便可以纲举目张了：

人皆有不忍人之心。先王有不忍人之心，斯有不忍人之政矣。以不忍人之心，行不忍人之政，治天下可运之掌上。（《孟子·公孙丑上》）

这也就是叶适、陈亮等宋代事功派所嘲笑的、终未看到的"反手之治"。孟子有时像个恐怖的预言家，用"自作孽不可活"的后果恐吓那些虚弱的军政寡头们：

三代之得天下也以仁，其失天下也以不仁。国之所以废兴存亡者亦然。天子不仁，不保四海；诸侯不仁，不保社稷；卿大夫不仁，不保宗庙；士庶人不仁，不保四体。（《孟子·离娄上》）

这种反证法既依据着史实，又有着神秘的天意支撑其间。什么"顺天者存，逆天者亡""得道多助，失道寡助"等，也是孟子的"上堂诗"。

孟子虽然从理论上标举人人皆可成尧舜，但他心里知道那些寡人是为"成功"不顾一切的，所以他始终用一种"助你成功"的调子来布道："仁者无敌，王请勿疑！"（《孟子·梁惠王上》）对于国力强大的国家，他就讲，你如奉行"悦近来远"的"仁术"，以德服人、"不嗜杀人"，

真功夫，大智慧：四书精讲

就可以统一天下。

对于弱小国家，他就大讲汤以七十里而王、周文王以百里而王，"以德行仁者，王不待大"（行王道不一定非国家强大。《孟子·公孙丑上》）。只要你行仁政，大国也畏惧你。

对于夹在大国中间，面临被侵略危险的小国，他就讲只要你行仁政，邻国的百姓便会视你的国家为故乡、为父母之邦，你若反击，诛其暴君，抚吊百姓，他们还会反过来"箪食壶浆以迎王师"，并会怨恨你来得太晚了。

孟子的学生说现在天下凶凶，您总讲仁政王道太不现实了。他极有信心地说：越是动乱，人民越盼望仁政，这正是"事半功倍"的好时机："反手"而治，一统天下。总而言之，"行仁政而王，莫之能御也（谁也阻挡不了）"。

在讲究"耕战"、琢磨如何"打天下"的兵法家眼里，孟子这些高论只是在唱抒情歌曲，几近痴人说梦。也算学过儒的商鞅说得温和且也深入：仁者能仁于人，不能使人仁；义者能爱人，而不能使人爱，是以知仁义之不足以治天下也，圣人有必信之性，又有使天下不得不信之法也。

商鞅说得不能算错，他尚法的本意也包含上约君、下爱民两层意思。但是就像仁者不能使人仁爱一样，他也未能使人信而守法，一点也改变不了人治那种无规则运作的状况。因为在没有分权和制衡的地方就没有法律，当然也更没有仁政了。

不过，孟子说仁者无敌，不是要给敌人念《论语》，更不是说仁者刀枪不入，而只是一种"算总账"的说法。在这一点上，与其说孟子是知其一不知其二的理想主义，不如说孟子是深刻的现实主义。他多次用人生风格作比喻：一个暴虐不仁的人终会因多行不义而"不保四体"。同理，暴力统治只能横行一时而终会覆灭，殷鉴不远。

当然，这一点不是孟子的独家发明，《尚书》《左传》《管子》等早期典籍亦屡屡言及。不过，孟子说得最响亮、也最执着，还真让若干寡人不好意思了。

让共通的人性成为一种力量

"口之于味也，有同嗜焉""耳之于声也，有同听焉"（《孟子·告子上》），这两句话，我第一次听的时候犹如五雷轰顶，太伟大了。这东西叫"共通的人性"，就是强调人是有共通性的。过去天天批人性论，把人性论者批得比过街老鼠还慌张，导致冒出这个以后，大家觉得特别震撼。

这话其实一看，就一目了然，是发展了"如好好色如恶恶臭"，孔子只讲了这么一句，好看的事物，你看着好看，别人看着也好看，你闻着臭的，狗屎臭，别人闻着也臭，硬有个变态，他就愿意吃狗屎，那是个案，没法说。孔子强调了好恶的直接性，孟子强调了"共通的人性"，这是美的哲学基础，如果没有"共通的人性"，美就无从谈起。

虽然儒家各派各系各有毛病，但它要营建一个天下为公、世界大同，万物一体的共同体，这是儒家的一个共同追求。翻译成老百姓的话就是世界是大家的，别你一个人连吃带拿的都垄断了。

大家都知道背有千古骂名的纣王，他是个大帅哥，才华横溢，文武双全，别人评价纣王，"智足以拒谏，言足以饰非"，你给他提一个意见，他有八条反驳的意见。他的口才也好，能掩饰过错。他太过情了，把正常的人性人情都突破了，最终导致了他的覆灭。所谓王道，所谓仁政，一个基础就是共通的人性。所以人性是一种力量，是一种看不见摸不着，但能在非常微妙的时刻，起着巨大作用的力量。

"目之于色也，有同美焉。至于心，独无所同然乎？心之所同然者何也？谓理也，义也。"（《孟子·告子上》）眼睛对于容貌有共同的美感，难道人的内心就没有共同的嗜好吗？孟子认为内心一致的嗜好是理，是义。"理"本身是精神的，但是它经过千锤百炼，万古流芳，形成了一种客观有效性，所以它是一种精神的客观世界。

到了宋朝把它发展成"理学"，为了推崇"理"的价值，又把这类人叫作"道学家"。

中国古代的学者大多是道学家，研究的都是人生的根本问题，现代学科实行专业分工，专门研究某一方面的事，专业化程度越来越高，这类专业，就渐渐成了生活的胡同，大多数现代学者并不注重人的精神生活，他们对生活世界欠缺整体的理解，也就没有把握它的能力，精神生活崩溃和瓦解了，整个精神世界就完了。

岳飞临死前的八字绝笔"天日昭昭，天日昭昭"，这八个字含有巨大的悲愤，如果有天理，就不该杀我，但虽然杀了我，我还相信天理昭昭。这就是"长程的合理性"，不看一时一地，若看这一时一地，日本鬼子拿机枪一扫，父老乡亲倒一片，有何天理？但日本鬼子最后还是要完蛋，纳粹也是。营建"长程合理性"是知识分子的使命，知识分子要尚志，尚志就是要建"道"，建"理"。

孟子是如何把道统延续下去的，就是因为：人性有共通性。如果人性没有共通性，我们何必学孟子，学张载，学朱熹、王阳明。孟子留给人类的另一个遗产：坚信人有区别于动物的东西。所谓"人性向善"就是因为人有跟动物相区别的地方，我们把自己变成牲口，是自暴自弃、自己不把自己当人，然后自甘堕落，成了走狗、洋奴、汉奸、卖国贼、为难别人的人，诸如此类，都是自暴自弃，所以说我们应该建设精神长城、道德长堤。

罗素在他的著作《西方哲学史》中说，古往今来的诸多哲学流派，就两派：一个是激情派，一个是理智派。他觉得卢梭和拜伦影响了人们的生活方式和精神方式，所以把他们写进去，并定义他们是"活得哲学"，都属于激情派。孟子显然属于激情派，强调直接。

孟子的"不学而知，不虑而能"的基础就是共通的人性，坚信人性有共通性，这样人性才能成为一种力量，这样依靠人性本身，才能够战胜兽性、魔性。所谓从黑暗走向光明都是以这为基点的。这个基点很重要，它不是一厢情愿的，而是人本然就有，即只要是人就有的东西。

但是有些人为什么如此坏，因为他们把自己的本心丢了，所谓的学只有"求其放心而已"，这个"放"是放逐的意思，把心丢了，撂在猪圈里，把心撂在证券交易所了……就这"心"，不在腔子里了。把心放到腔子里，是程颢的话，这句话讲的就是义、礼，义、礼能够让我的精神获得法喜，就好像好吃的东西，能让我获得口腹之喜一样的，这话说得已经很迁就了。

尽心尽性，知人知天

> 尽其心者，知其性也。知其性，则知天矣。存其心，养其性，所以事天也。夭寿不贰，修身以俟之，所以立命也。（《孟子·尽心上》）

相信了共通人性，倒过来再看这一段，这一段是《孟子》这一部书里最有哲学含量的，也是儒家的一个逻辑，"尽其心者，知其性也""知其性，则知天矣"，这也是所谓的天人合一。

人拿什么与天合，拿脚板子跟天合吗？只有拿心跟天合，孟子把这个逻辑作为迈向新征程的标语和口号。正如朱熹所说："心者，人之神明，所以具众理，而应万事者也。"（《孟子集注·尽心》）有个学者说朱熹都能讲出这句话来，就是心学和理学一点矛盾都没有。

朱熹还有类似的一句话，"心者，人之神明，所以具众理而应万事。"（《孟子集注·尽心》）人类区别于万事万物，都是因为心。后面我讲大而化之的时候，不测的是神，也叫灵明，心就是人的灵明，身体可以死，灵魂不死，灵魂不死就永垂不朽了，诸如此类的。所以心是干什么的，这个"所"，用"众理"，来应"万事"，用众理来应万事，就是心要干的。要想一句话说明心学，就用朱熹这句话，这句话比王阳明说得透彻。用长程的眼光看朱熹的贡献，比王阳明要大得多。我过去写过王阳明对朱熹相当尊敬，其实王阳明要针对的是元明的科场理学，相当于官方理学。

现在咱们换成大字眼，先把心和天的关系说清楚，心和天的关系用最大的字眼，就是"天人合一"结构，一提传统文化，就是天人合一。关键这个天主要是天理的意思，主要是理。道家的"天"是自然（其实"天"，还有宇宙的意思），主要是以我们脚踩的土地为标杆，自然乃自然而然，与大自然合一，是道家思想的重要特点。

再回到原文，什么是"尽"，孔子跟曾参说，"吾道一以贯之"，曾子说"唯"，曾子出来，别人问曾子，老师说什么了，回"夫子之道，忠恕而已矣"，孔子的哲学，就俩字，"忠"和"恕"。"尽己之谓忠"，把你自己的都拿出来叫忠，"克己之谓恕"，所以朱熹就算他别的不行，在注释典籍上是古今第一高手。

尽其心，"心"就是能量场式的东西，说得多好。其实相当于不要局限于个体，不要是自己，也不要是别人，要从人类的角度去想问题，把人类这个"心"充分地展现出来以后，人性和物性都出来了。只有把人的精神能量充分地挥洒尽后，才知道人的性、物的性，当你知道人的性、物的性时，你就知道何为天，天就是最后的根据。性从何而来，性从天来，天命之为性，不为桀存，不为尧亡。

"存其心，养其性"，来敬奉我们头上的天理，来事天。"事"是何？古书里注解为"奉承"。古人不到三十岁就死了，就叫夭；活过七十就是寿了。活三十年和活七十年，在夭和寿之间，不夭也末寿，这是一样的。坚信这一点，"修身以俟之"，我好好修我的身心，修炼好了，天理自会昭昭。就是你看着办的意思，他就希望上天把最好的东西都给他，这叫立命，所谓立命就是如此。所以孟子很"狂"，如遇何事，舍我其谁，但还有个前提，如果上天想让文化不倒，老天爷还要文化这档事儿，这时舍我其谁。如果老天爷不要文化这档事儿，那就要商化，也用不着你了，所以又完了。

"立命"，修身以立命就是君子了。这是义，你不能讲利，要讲利，那为何给他不给我？所以这点就是舍勒《在约伯的天平上》的主旨，上帝也是瞎眼的，谁表现好了，多给谁灾难，然后安慰他，这是上帝为了尽快培养你。这都是"化"，"化"就是"忽悠"的意思。李卓吾点得最透，说只有颜回知道孔夫子是"骗人"的，"夫子循循善诱"。

真功夫，大智慧：四书精讲

什么是中国人的真、善、美？

"何谓善？何谓信？"

曰："可欲之谓善，有诸己之谓信。充实之谓美，充实而有光辉之谓大，大而化之之谓圣，圣而不可知之之谓神。乐正子，二之中，四之下也。"（《孟子·尽心下》）

何为善？何为信？孟子的逻辑：值得喜欢就叫好；那些优点确实在他身上，就叫信；那些优点充满他就叫美；不但美还能放出光辉就叫大；放出光辉还能化育万物就叫圣；具有圣德且到了不可测的境界叫作神。"诸"是古汉语"之于"的一个缩写，就是浓缩的话，你自己有了的才是真的，包括美德。我呼吁你们学做好人好事，但我自己拒绝做好人好事，这是欺骗。为什么我把这些着重讲，这就是我们中国人的真、善、美。

真、善、美，没有一个是有客观标准的，没有一个是带刻度的，带着测量准确度的，完全是一种状态性的，境遇性的。北大有个教授对美有一个定义，"美是意义的充满"。其实他就把孟子这句话做了一个漂亮的翻译，讲美是意义的充满时，大家特有感觉，觉得定义得真好。但是没满就不美了吗？孟子说，"理义之悦我心，犹刍豢之悦我口"，理义使我的心畅快，就像猪狗牛羊肉使我的嘴巴舒服一样，义理达到充实的程度，是一种美，刍豢之悦我口，达到充实的程度，也是一种美。这个时候就不再限定了，它是一个纯粹的状态。充实的讲法特别好，古汉语是诗性的语言，陈寅恪说一个中国字拿出来，就可以写一部中国文化的书。

孟子讲"充实"，如何充实，孟子的方法或者孟子的思想路线就是"集义"，包括浩然正气从何来，浩然正气也是你平时集义集出来的，是致良知的，自己做功夫也是集义。把王阳明认为是孟子这条路线上的，就是因为这个，王阳明讲那么多，其实就俩字：集义。集聚自身的正能量，然后你就是个良心人了，必然要说良心话，做良心事，你每天都在增加你的光明，然后你就美了，这是儒学六境界，善是一个境界，真是一个境界，美是一个境界，大是一个境界，圣是一个境界，神是一个境界。

宗白华在《美学散步》中，也是在揭示这么一个东西。美是相当个人化的，雷锋帮助砖厂的工人搬了砖，出了汗，感冒好了，心里很美。回了营房，这时他精神上是充实的，自己感觉也很美。但是把雷锋精神塑造出来，充实而又有光辉，这叫"大"，一个是自我完成，一个是能照亮别人，光辉是照亮别人的。一个是自救，一个是救人。

东方红太阳升，太阳一出来，就有了光辉。有了光辉，大地就有了阳气。说落日好的，就是最美不过夕阳红，夕阳无限好，但还是近黄昏。人类各族普遍有一种教，崇拜光的"光明教"。我们不能像探照灯，照外不照内，光打出去了，但灯下黑，这不行，还必须"有诸己"。就是你自己身上得有光，我心光明才是光明，我心光明，才能觉民行道，普及众生，去见众生，这时才叫"大"。也有对"大"的崇拜，庄子说"大宗师"，孟子叫"大人小人"，这也好像是全人类的共性。

"大而化之之谓圣，圣而不可知之之谓神"，这句话是从《周易》中来的，在今天看也有点滑稽了。

幸福是骄傲的满足，这种定义也是充实之谓美，可欲之谓善，也是这种状态性的定义。那幸福就是骄傲的满足，莱维发现在奥斯维辛集中营里面就是灰色地带，他说苦难并不能让人有尊严，让人变勇敢，让人有良心，这苦难让人更卑微、更屈辱、更背离人心。

这"四书"大体上就是这样，辜鸿铭语出惊人，孔子有何了不起，他在那礼崩乐坏的废墟当中，给我们把"五经"保存下来，保存下来"五经"，是给我们重建中华文明的一个设计图。

不自暴自弃，浩然正气传道统

在非孔、非孟的议论中，孔子易被指为乡愿，孟子易被说成狂诞（如宋人郑厚）。在晚清乡愿误国论声浪中，孟子强化良知良能的呼吁满足了"无道德不能革命"的志士情绪，他们批礼教诋儒学，惟与孟子情有独钟。孟子之浩然正气、大丈夫、"天欲降大任于斯人"的气派及其发扬蹈厉的作风鼓舞过一代又一代的志士仁人。

"养气说"在孟子前后是股风气，如《庄子》《管子》中都有过论述。《荀子·修身篇》提出的治气养心术强调接受礼的规范："凡治气养心之术，莫径由礼，莫要得师，莫神一好。夫是之谓治气养心之术也。"

孟子相信人的良知良能不受遮蔽、不被扭曲地直接发挥出来即是"全体大道"了。荀子及后世的道问学派曾因此指责孟子师心自用，尊孟的心学也夸大了这一面。其实，孟子是将"知言"与"养气"并举的："我知言，我善养吾浩然之气。"朱熹在《四书集注·公孙丑上》中这样注解:"盖惟知言,则有以明夫道义,而于天下之事无所疑;养气,则有以配夫道义,而天下之事无所惧,此其所以当大任而不动心也。"什么是浩然之气呢?孟子也承认难言,因为是一种体验,一种眼看不见手摸不着但又绝对存在的东西:

> 其为气也,至大至刚,以直养而无害,则塞于天地之间。其为气也,配义与道;无是(没了它),馁也。是集义所生者,非义袭而取之也。行有不慊于心,则馁矣。(《孟子·公孙丑上》)

所谓的"浩然"是"无亏欠时",所谓的"配义与道"就是要用正义去养这股气,浩然之气是由不歇的正义积累而成的(集义所生),一旦亏心,则馁矣。有了这股气就有了"虽千万人,吾往矣"的气魄,就有了威武不屈的大丈夫气概。这股气至大至刚,但养气的过程却要先"不动心"——"志一则动气,气一则动志也"。

志与气之间是个互动的循环过程:以气养志,持志率气("守约")。也有人说"养气"的主题就是"持志"(张岱《四书遇·养气章》)。这与"宁静方致逮"是一个道理，"不动心"正是使正气沛然不缺的前提。所谓的"不动心"就是蔑视任何"得之不以其道"的东西。孟子认为那些知行歧出、言行不顾、"以顺为正"、以穿窬行窃为得计的人，只不过是放失本心于物欲世界的行尸走肉而已。

孟子将无道恣睢的人概括为两类：自暴与自弃——

> 自暴者，不可与有言也；自弃者，不可与有为也。言非礼义，谓之自暴也；吾身不能居仁由义，谓之自弃也。（《孟子·离娄上》）

中国人的基本情形是有权、有势、有钱——有点什么的人"自暴"，自暴者暴于人；无权、无势、无钱的人——匮乏者"自弃"，自弃者弃于人。

孟子以正道自居，既憎恶暴政战争，也憎恶邪说横行。他认为邪说杀人不亚于暴政。有点奇怪的是他对秦法家这个儒家的真正敌人、他们那些自暴暴人的邪说不甚理会，却视"杨朱"为大敌，认为杨朱讲"拔一毛而利天下不为也"是自弃于仁义，将导致"人将相食"的恶果，其理论实质是"率兽食人"（《孟子·滕文公》）。有趣的是在反对杨朱这一点上韩非居然与孟子高度一致（《韩非子·显学》）。

孟子的气派比"极高明而道中庸"的圣人境界多出了偏胜之气，多出了阳刚雄健的风姿，他认为只有这样才能"正人心，息邪说，距波行，放淫辞"（《孟子·滕文公下》），才能捍卫、传播尧舜、周公、孔子之道，《孟子》全书也以排列道统为尾声。

在后儒眼中，孟子的巨大贡献也正在于传了道统。汉儒扬雄说，因有孟子，今之学者尚知宗孔氏，崇仁义，贵王道贱霸道。唐人韩愈说孟氏功不在禹下。宋理学家程子说孟子有功于圣门，仲尼只说一个志，孟子便说许多养气出来。只此二字，其功甚多。孟子得以配享孔庙，《孟子》得以刻石成经、列入科举教材，均是王安石之力。